ukaが教える

大人のハンド&ネイルケア

uka

トータルビューティーカンパニー
uka代表

渡邉季穂

はじめに

手は「生きる道具」です。

生活や、性格が人それぞれであるのと同じで、手の美しさもさまざま。

美しい手とは、白魚のようなただきれいな手ではなく、大切にされている手。

大切にされている手は美しく、成熟した大人という印象を与えます。

忙しい中でもお手入れを欠かさないという心の余裕や、細部まで美しくあろうという意識の豊かさを連想させるからではないでしょうか。

手は、自分が思う以上に人から見られています。

さまざまな動作をする手は、もともと視線を集めやすいパーツ。

しかも、今はマスクが生活の一部となって顔が見えないため、動く手に視線が集中しやすくなっているのです。

あらためて、ご自分の手や指先、爪を見てみましょう。

一日に何度も手洗いやアルコール消毒をして、カサカサに荒れてはいませんか。

顔は洗ったらすぐに化粧水やクリームを塗るのに、手はそのまま、ということが多いのではないでしょうか。

ここで、私が考える「きれいな手の6カ条」についてお話しします。

1　爪の長さは短すぎず、長すぎず、全体のバランスがとれている。

2　すべての爪の長さと、爪先の形がそろっている。

3　手肌も爪も、保湿が行き届き、カサカサ・ザラザラではない。

4　爪にツヤがあるって清潔で若々しい。

5　自分に似合った色・デザインのネイルをしている。

6　ネイルカラーが塗りっぱなしではなく、きれいに手入れされている。

この6カ条は、特に大人世代のかたに、意識していただきたいことです。

なぜなら、体の中で最も頻繁に動かす手の老化はとても早く、きちんとお手入れをしている人と、何もしていない人の差が、この先どんどんと開いていくからです。

手は「生きる道具」です。これから先、一生大事に扱っていきましょう。

手や指、爪は、ていねいなケアをしてあげれば、見違えるほど美しくなります。

この本では、日常的にできる手や爪の基本的なお手入れの仕方をご紹介しています。

少しずつ、ご自分のペースでとり入れていってください。

最近、手や爪がくすんでる……の原因がわかる！

「手の使い方」ぐせ診断テスト

手元トラブルの原因は、性格や生活習慣による「手ぐせ」が8割、
手入れの仕方や栄養状態などが2割を占めていると考えられます。
まずは、この診断テストであなたの手元トラブルの原因を調べましょう。
結果をもとに、ほんの少し意識を変えるだけで、みるみる改善されていくはずです。

まずはあなたの生活をチェック！

B ▶ ▶ ▶ チェック数 ◯

【 CHECK 】

- ☐ お店で現金で支払うことが多く、あわてて小銭を探すことが多い
- ☐ いつも寝不足ぎみだ
- ☐ 会議が多く、爪先をいじりがち
- ☐ ストレスが多い
- ☐ 爪をかむくせがある
- ☐ 甘皮が気になって自分で無理に押し上げてしまう
- ☐ 頻繁に突き指をしてしまう

A ▶ ▶ ▶ チェック数 ◯

【 CHECK 】

- ☐ パソコンを使うとき、キーボードに爪が当たる音がする
- ☐ 爪を立てて髪を洗う
- ☐ 缶ジュースのプルタブは爪であける
- ☐ 食器洗いは素手で行う
- ☐ 商品のシールなどは爪先ではがす
- ☐ ネット通販の段ボール箱は爪であける
- ☐ バッグの中のものをいつも探している
- ☐ 料理中にやけどしたり切り傷をつくったりする
- ☐ ネイルを塗りながら、あれこれ探しものを始めてしまう

D ▶ ▶ ▶ チェック数 ◯

【 CHECK 】

- ☐ 食べ物の好き嫌いが多い
- ☐ 末端がいつも冷えている（冷え性）
- ☐ 爪の色が悪い
- ☐ 貧血ぎみだ
- ☐ 二枚爪がなかなか治らない
- ☐ 食事の時間が不規則で自炊をしない
- ☐ 爪に縦の筋がある

C ▶ ▶ ▶ チェック数 ◯

【 CHECK 】

- ☐ 自分で甘皮を処理していてささくれが多い
- ☐ 指先がいつも乾燥している
- ☐ 正面から見て爪が湾曲していない
- ☐ 爪先を押すと簡単に曲がる
- ☐ お湯をさわると爪にしみる
- ☐ 長い爪が好きでいつも爪を伸ばしている
- ☐ ネイルを頻繁に塗りかえている
- ☐ ジェルネイルをよく自分ではがす

ここを見直せば、手と爪が変わります

B が多かった人は

▼

忙しすぎて手が荒れがちな

せっかちさん TYPE

⋮

心静かに手と爪をケアしてストレスを解消

毎日を頑張りすぎて手のケアをする余裕がなくなっていませんか？ あえて手や爪をケアする時間をとることで心身の緊張をゆるめて。

特にこのコーナーをチェック！

p.12〜57、p.91〜105など

A が多かった人は

▼

手の使い方が雑な

ざっくりさん TYPE

⋮

手は生きる道具。もっといたわって

手元の動きが少々乱暴で、その衝撃で爪や手指が傷みがちなタイプ。手の動作をゆっくり変えるだけでも手の荒れ方がやわらぐはず。

特にこのコーナーをチェック！

p.88、p.120〜121など

D が多かった人は

▼

食生活が乱れがちな

栄養不足さん TYPE

⋮

栄養状態や巡りを改善し手指を健やかに

冷えや手指のくすみは末端にまで栄養が行き届いていないから。バランスのいい食事をとり、巡りをよくして指先まで栄養を届けて。

特にこのコーナーをチェック！

p.12〜15、p.122〜123など

C が多かった人は

▼

せっかくのお手入れがまちがってる

自己流ケアさん TYPE

⋮

正しく効果的なケア方法をマスターして

ケアを頑張っているのに、その方法が実はまちがっていて、逆に傷めている可能性が。お手入れの仕方をもう一度見直してみてください。

特にこのコーナーをチェック！

p.12〜57、p.84〜89など

手と爪の印象は今日から
美しく変えられます

手元の印象は爪しだい。美しい爪は目線をひきつけ、手の七難を隠してくれます。

年齢を重ねた手のシミやシワのお手入れは、一朝一夕にはいきませんが、

爪ならば、下の写真のように、たった1回のケアで美しく見違えます。

もろく、不格好な爪でお悩みのかた、「持って生まれた爪のせい」とあきらめていませんか？

右の診断テストの結果が物語っているように、そんなことはありません。

たとえば、診断結果Aの場合、ざっくりな所作による衝撃が爪トラブルの原因。

Bは、忙しさからくるあせりが爪を傷めるリスクとなっています。

Cは、ケア自体が爪を傷めていて、Dは体の中からのケアが必要。

つまり、いくらきれいに爪に色を塗っても、手の使い方やケア、食生活が

適切でなければ、美しさを保てない、というわけです。

そこで、この本では手元のセルフケアだけでなく、所作やインナーケアまで、

美しい手元づくりに必要なことをまとめました。

楽しみながら、ぜひとも毎日の習慣にしてください。

心静かにネイルケアに集中していると、マインドフルネス効果で、

リラックスでき、ストレスケアにもつながります。

さらには、きれいになった指先をさわり、眺めると、気持ちも軽くなるはずです。

心がもやもやと気ぜわしい日々が続く今こそ、ハンド＆ネイルケアで

心と手指を癒し、心身ともに美しく整えませんか。

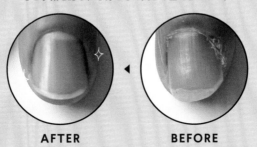

AFTER　◀　**BEFORE**

CONTENTS

hand & nail care book

uka

※商品・サービスの価格は、税込みです。

※商品の情報は2021年7月現在のものです。仕様・価格などが変更になる場合があります。

PART 1

手 元 美 人 に 見 違 え る

大人のハンドケア

手は、顔と同じくらい人に見られています。
ですから、顔と同じくらい、手にも情熱を注いでスキンケアをしましょう。
正しくケアすれば、見違えるほど美しくなります。
そして、美しい手があなたを印象美人に導いてくれるはずです。

ワンピース 42,900円／ブレインピープル（ブレインピープル青山）

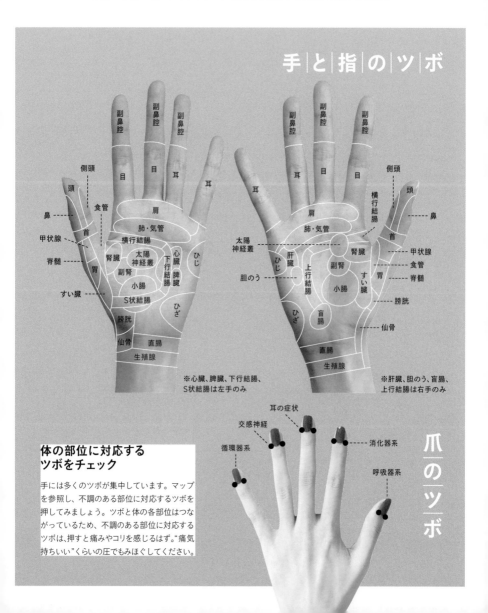

美しい爪と手指をつくる

日々のハンドマッサージ

健やかな手と爪を育むためのマッサージです。
手指の毛細血管のすみずみまで血液を行き渡らせ、栄養素を届けましょう。

手と指のツボ

副鼻腔　副鼻腔　副鼻腔　　　　　　副鼻腔　副鼻腔　副鼻腔

側頭　　　　　　　　　　　　　　　　　　　　側頭
目　　目　　耳　　　　　　　耳　　目　　目　　　　頭
頭　　　　　　　　　　　　耳　　　　　　　　　　横行結腸
鼻　　食管　　　　肩　　　　　　　　　肩　　　　　　　　鼻
首　　　　　　肺・気管　　　　　　　　肺・気管　　　　　首
甲状腺　　　　横行結腸　　　　　太陽　　　　　　　　腎臓　甲状腺
　　　腎臓　太陽　心臓　ひじ　神経叢　肝臓　副腎　　　食管
脊髄　　　　神経叢　脾臓　　　　　ひじ　　上行　　すい臓　脊髄
　　　副腎　下行結腸　　　　胆のう　　　結腸　小腸　胃　膀胱
　胃　小腸　　　　　　　　　　　　　　盲腸　　　　　　仙骨
すい臓　　S状結腸　　　　　　　　　　　　　　　ひざ
膀胱　　　　　　ひざ　　　　　　　　ひざ　　　　　　　
仙骨　　直腸　　　　　　　　　　　　直腸
　　　　生殖腺　　　　　　　　　　生殖腺

※心臓、脾臓、下行結腸、　　　　　　　※肝臓、胆のう、盲腸、
　S状結腸は左手のみ　　　　　　　　　　上行結腸は右手のみ

体の部位に対応する
ツボをチェック

手には多くのツボが集中しています。マップ
を参照し、不調のある部位に対応するツボを
押してみましょう。ツボと体の各部位はつな
がっているため、不調のある部位に対応する
ツボは、押すと痛みやコリを感じるはず。"痛気
持ちいい"くらいの圧でもみほぐしてください。

耳の症状
交感神経
循環器系
消化器系
呼吸器系

爪のツボ

マッサージの前に

腋窩リンパ節を押す

わきの中心から10〜15cm下にある
「腋窩リンパ節」を親指の腹で3〜
5回押してほぐす。じんわりとリン
パの流れや血行がアップする。

| ITEM |

ボディミスト

ボディオイル

化粧水とオイルをつける

手や腕にも化粧水で水分を与え、オイルやクリー
ムでふたをする習慣を。アイテムは顔用でもOK。
1.化粧水を手と腕になじませ、2.ボディオイルを
手のひらにとる。3.両手をこすり合わせてオイル
を温め、手と腕にまんべんなくなじませる。

〈上〉ペパーミントなどがや
る気をアップ。ボディ、顔、
髪、ルームミストにも。
uka エッセンシャルミスト
バランス 100ml 3,960円
〈下〉シナラオイルなどを配
合しうるおい肌に。同ボ
ディオイル バランス 100
ml 7,150円／ともにuka To
kyo head office

ハンドマッサージ

指に圧をかける

親指と人さし指でつまむようにして、つけ根、中間、先端の順に指の側面を刺激する。すべての指に1～3回ずつ行う。

指先に血をためる

血流が滞りやすい指先に血をためるイメージで、ぎゅっとはさみ、赤くなったら離す。すべての指に3回ずつ行う。

指を抜く

反対の手の5本の指でしっかりと1本の指を握り、くるんとねじりながら引っぱる。すべての指に1回ずつ行う。

爪の両側を押す

薬指以外の爪の両側にあるツボに圧をかけて刺激する。薬指以外の指に1～3回ずつ行う。

筋に沿って押す

指のつけ根から手首に向かって、甲側の筋の間を親指の腹で押して流す。すべての指の筋に1回ずつ行う。

指の股を押す

指のつけ根の間に親指を当て、手首に向かってぐっと押し上げるように指圧して流す。すべての指の股に各1回。

親指のつけ根を押す

特にこり固まりやすい親指のつけ根を、反対の手の親指の腹で念入りにもみほぐす。痛気持ちいいくらいの圧が目安。

手のひらを押す

各指の骨の間や手のひらのツボを押しながら上へ滑らせるようにマッサージ。親指の腹でじっくりもみほぐす。

手の筋に沿って押す

筋に沿って、手首からひじへと親指の腹で圧をかける。こわばって固まりがちな腕全体をもみほぐし、血流をアップ。

こぶしで圧をかける

手のひらに反対のこぶしを当て、ぐりぐりと圧をかける。手のひらにあるツボ全体を刺激するようにまんべんなく。

ひじの筋を押す

ひじまでマッサージ。巡りがよくなり、手のむくみやくすみ、血管浮きが改善。

働く手を美しく

大人のしっとりハンドケア

日々の習慣にしてほしい、ハンドケア。手洗いのあと、外出前、
食器洗いのとき、さまざまなシーンでとり入れてください。

毎日の基本ケア 1

手を洗ったあとは化粧水とクリームを

顔を洗ったあと、必ず化粧水とクリームをつけるように、手洗いのあとは必ず、
化粧水とクリームをつけましょう。手をアルコール消毒したあとも同様に。
1日に何度も消毒や手洗いをくり返すご時世、このケアを怠ってはいけません。

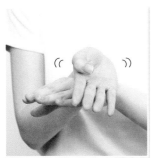 

化粧水でうるおす

手洗いや消毒のあとは、油分・水分が失われているので、まず、化粧水で水分を補給。ボディ用でも顔用でもOK。甲をこすり合わせてなじませて。

クリームで油分を補う

手の甲にハンドクリームを適量とって、両手の甲をこすり合わせてなじませ、指先まで油分を行き渡らせる。

| ITEM |

〈右〉皮膚科医もすすめるフランスの湧水をボトリングした敏感肌用マルチミスト。ターマルウォーター150g 2,420円／ラ ロッシュ ポゼ 〈左〉こっくりしたテクスチャーでしっかり保湿するハンドクリーム。uka ハンドクリーム 24:45 50ml 4,180円／uka Tokyo head office

クリーム 化粧水

手・腕のUVケアもルーティンに

年を重ねるほど、肌の色はどんどんくすみ、今まではなかったシミが
甲に出てきがち。シミ・くすみの予防のために、手や腕にもUV対策を行いましょう。
日中に使うなら、UVケアできるハンドクリームをおすすめします。

| ITEM |

| UVカットクリーム |

UVをブロックしながら、パール
で透明感を与えるUVクリーム。
uka UV トーンアップクリーム シ
ャイニー 40g SPF30・PA+++ 3,8
50円／uka Tokyo head office

腕全体も
しっかりガード

半そでなど肌が露出する服のときは、腕
にものばして日焼けを防止。手と腕のU
Vケアを日々の習慣に。

UV対策クリームを
手の甲に塗る

日中に外出する際は、UVブロック効
果のあるハンドクリームを。甲から指
まで手全体になじませて。

グッズで手軽にマッサージ

| ITEM |

| スカルプブラシ |

ほどよい刺激を与えるシリコン製
頭皮用ブラシ。uka スカルプブラ
シケンザン ミディアム ウカスト
アゲンテイ シブヤイエロー 2,420
円／uka Tokyo head office

肌当たりのいいスカルプブラシで手のひらや腕全体を心地
よくマッサージして血流をアップ。ツボ押しにもおすすめ。

毎日のながらケア

食器洗いのついでにハンドパック

食器洗いの際は、洗剤から手を守るゴム手袋が必須。
どうせならゴム手袋×お湯の温熱効果を活用して、時短トリートメントを。
サロンでケアしたような、ふっくらしっとりの手指に。

使い捨て手袋をする

使い捨てのポリエチレン手袋をする。エンボス加工が施されているものだと肌にくっつきすぎず、着脱がスムーズ。

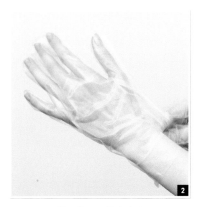

クリームを塗る

手や指、爪にたっぷりとクリームを塗る。しっかりなじませ、クリームの美容成分をすみずみまで行き渡らせる。

お湯で食器洗い

ゴム手袋の上からじんわりと温かさを感じる、熱めなお湯で食器を洗う。温熱効果で家事がハンドケアの時間に！

ゴム手袋を重ねる

使い捨て手袋の上から食器洗い用ゴム手袋を装着。水が入らないよう指の先までしっかりとはめてフィットさせる。

スクラブ＆コットンパックで
くすみをためない

毎日ハンドクリームを塗っても乾燥が気になる大人世代のための、
週末の夜などに自宅でできるスペシャルケア。古い角質を落としてから美容成分を
パックするので浸透力が高まり、ふっくらとやわらかな手に見違えます。

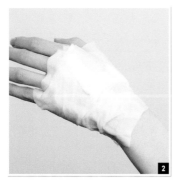

コットンパックでしっかりうるおす

保湿や美白効果のある化粧水や美容液（顔用のもので
OK）をコットンにたっぷりと浸し、手の甲にパック。

スクラブでくすみを流す

スクラブを手の甲に適量とり、やさしくマッサージして
洗い流す。余分な古い角質を除去し、ごわつきのない肌に。

| ITEM |

(スクラブ)

ウォールナッツのスクラブ
が、余分な角質をオフ、シ
アバターでしっとり。シア
ハンド＆パーツスクラブ 75
ml 3,190円／ロクシタンジ
ャポン

クリームで保湿

仕上げにハンドクリームを。手だけでなく、ひじまでク
リームを塗り、同時にマッサージをすると血流もアップ。

働いた手へごほうびを

サロンケア&美容医療

ホットグローブで温める
専用のホットグローブに入れて温め、角質のすみずみまで美容成分を集中的に浸透させる。

ラップでパック
クリームをつけてマッサージした手をラップフィルムで包み込み、美容成分の浸透をアップ。

もちもちの手になる温熱パック

乾燥が気になる手におすすめなのが、ukaのサロンで行っているuka ハンドクリームパック（1,000円／15分）。ラップで手全体を包み込み、ホットグローブで温めることで浸透を高め、もちもちの手に。
※オプションメニューのため、他メニューとあわせてご利用ください。

詳しくは…
ukaサロン（p.127へ）

美容医療

手のシミや血管浮きはケアできる

最先端の美容医療なら、レーザーやIPL治療でシミを消したり、ヒアルロン酸注射で肌にハリを持たせて血管やしわを目立たなくしたり、あきらめていた悩みもケアが可能。

［血管浮き・しわ］
ヒアルロン酸注射

人体の真皮層に存在する成分・ヒアルロン酸を手の甲の真皮層と皮下に注射で注入。ふっくらと肌が持ち上がり、血管が目立たない手に。

BEFORE

［ シミ ］
レーザー治療

健康な肌には負担をかけず、レーザーでシミ部分のメラニン色素のみを破壊し肌を改善。左の例で約33,000円で治療が可能。

AFTER　BEFORE

AFTER

詳しくは…
松倉クリニック代官山
https://www.matsukura-daikanyama.tokyo/
東京都渋谷区猿楽町 16-15
T-SITE GARDEN 5号棟2F
☎03-3770-7900 ※予約制

［くすみ・はり］
手の甲のIPL治療

特殊な光（IPL）を肌に照射し、シミ・くすみ、ハリなどを総合ケア。肌ダメージが少なく、1回15,400円（両手）×4～5回の施術。

大人のためのハンドケアアイテム

乾燥しがちな大人の手には、いたわりながら美しく整えるアイテムを。

[**フィルム石けん**]　　　　[**ハンドソープ**]

携帯できるせっけん

ハンドソープのない場所でもしっかり洗えるフィルムタイプ。フィルム石けん24枚入 590円／無印良品 銀座

天然由来成分で手肌をうるおす

精油の澄んだ香りで健やかな手肌に。uka ハンドウォッシュ アミュレット 300ml 2,750円／uka Tokyo head office

[**ハンドジェル**]　　[**ハンドミスト**]　　[**ハンドミスト**]

携帯ジェルで手指をピュアに

精油100％のみずみずしい香り。T&Eハンドリフレッシュナー 50ml 1,650円／ジョンマスターオーガニック

精油が香るアルコールスプレー

ベルガモットとゼラニウムでリフレッシュ。MiMC ONE プロテクトミスト（ボタニカル）75ml 2,200円／MiMC

手元をクリーンに保つミスト

サトウキビ由来のエタノール配合。ukaハンドクリアミスト アミュレット 50ml 1,430円／uka Tokyo head office

[ハンドクリーム]

[ハンドクリーム]

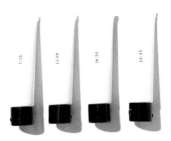

手元から全身を整える

ブレンド精油で心身をリラックスさせな
がらしなやかな手元に。バランシング
ハンド&アーム クリーム 50g 3,520円
／THREE

一日じゅう手と心がうるおう

シーンに合わせた香りと、さらりとうる
おうテクスチャーで使い続けたくなる。
uka ハンドクリーム〈左から〉7:15、
13:00 各 3,850円、18:30、24:45
各4,180円　各50ml／uka Tokyo head
office

[ハンドクリーム]

[ハンドクリーム]

[ハンドローション]

血管浮きやシミをカバー

大人の手をトーンアップし、ふっくらう
るおす。メンソレータム オーラ ザ ハン
ド 70g 1,430円（参考価格）／ロート製薬

透明感のある明るい手元に

美白有効成分を配合、シミをケア。ソフ
ィーナ アルブラン 薬用美白ハンドクリ
ーム 50g 1,650円（医薬部外品）／花王

ノンシリコンでしっとりケア

ベタつきがない乳液タイプ。ローズの芳
醇な香り。ハンドローション ローズ 300
ml 3,850円／ジュリーク・ジャパン

[UVケア]

うるおしながらUVカット

大人の手指に。クレ・ド・ポーボーテ
クレームプールレマン SPF18・PA++
75g 9,350円(医薬部外品)／資生堂

[UVケア]

肌色コントロールもかなえる

非ナノの酸化亜鉛＆チタンでUVカット。
透明感や血色肌、日焼け肌を演出するカ
ラーコントロール効果も。uka UVトー
ンアップクリーム〈左から〉シャイニー
3,850円、シャイニーピンク、シャイニ
ーブロンズ 各4,180円 SPF30・PA+++
各40g／uka Tokyo head office

[ハンドスクラブ]

働く手をしなやかに

天然成分が古い角質を除きながら、集中
保湿。ハードワーキング ハンドスクラブ
HP 75ml 1,980円／ザボディショップ

[ハンドスクラブ]

ざらざら・ごわつきをオフ

クルミの殻のスクラブでナチュラルなつ
るすべ肌に。シアハンド＆パーツスクラ
ブ 75ml 3,190円／ロクシタンジャポン

[　　ハンドパック　　]

美容液で包み込み集中保湿

パック中のスマホ操作もOK。トリートメント ハンド パックグローブ 16ml×3組入 2,200円／ハウス オブ ローゼ

[　　ハンドパック　　]

クレイマスクでクリアな手肌に

きめこまかいしっとり手指に。プロスパ スージング モイスチャーマスク 236ml 5,390円／オービーアイジャパン

[ハンドマッサージャー]

指1本ずつマッサージ

指先コースと全体コースで疲れた手をほぐして。ルルド ハンドケア AX-HXL1805wh 11,000円／アテックス

[　　指毛ケア　　]

指のムダ毛もおうちでケア

ハイパワーで全身つるすべに。光美容器 光エステ〈ボディ＆フェイス用〉ES-WP97　オープン価格／パナソニック

シミ、シワ、くすみ、血管浮き…年とともに増える

大人の手の悩みに答えます

年齢とともにどうしても悩みの増える手元。さらに頻繁な手洗いで、
大人の手元はダメージを受けがちです。お悩み別に手をいたわる策をお教えします。

Q

むくんで指輪がきつい、血管が浮いてこわい、
手先が冷える、血色が悪い、
これって年だからしょうがないもの？

A

むくみや冷えは血行不良が原因。
体内の巡りをよくして。

むくみは水分代謝の低下が原因。塩分のとりすぎに注意し、体内の水分を排出するカリウムなどの摂取で改善されます。睡眠不足やストレスによるリンパの滞りが原因のこともあるので、生活を見直すことも大事です。

もっと簡単に手指のむくみを解消する方法が、手指のストレッチ。手はいつもぶら下がっている状態のため、血流が戻りにくく、腕を上げて手を動かすだけで血流は改善できます。そして、巡りがよくなれば、むくみだけでなく手先の冷えも改善でき、さらに血管の浮きも防げます。

血管浮きは、加齢によって血管の弾力が低下し、広がることも原因。血流が滞ると血管が拡張して太く浮き出てくるため、血行を促進させることで解消できます。

\ 即効性ならコレ /
「むくんだ！」と思ったら、動かして血行を改善！

手先の指のストレッチ

指を下にして手の甲を前に向け、親指以外をつかんで引き込むように下に反らす。手を入れかえて同様に。

親指をもう片方の手でしっかりとつかんで後ろへと反らす。痛気持ちいいくらいの圧で行う。

腕を前に伸ばし、指を上にして手のひらを前に向ける。親指以外の指をもう片方の手でつかみ後ろへ反らす。

手を上げてフリフリ

両腕を上げて手を振る。腕を心臓より高い位置に上げるだけでも血流がよくなり、浮き出ていた血管が消えていく。

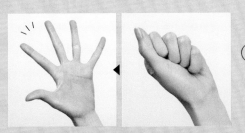

グーパーのリフレイン

腕を前に伸ばし、手を開いて結ぶ。グーは腕の筋肉を感じるほどに強くギュッと握り、パーは指を反らして大きく開くことをくり返す。

Q

シミだらけの手が恥ずかしくて
人に見せられません。

A

美白美容液を使い、日中はＵＶカット。
ネイルカラーで視線をそらして。

手は、頻繁に洗うためダメージを受けやすく、しかも無防備。顔より10年早く老けるといわれています。特に、日焼けは肌の老化を早めるため、p.18でご紹介したように手にもＵＶケア効果のあるクリームを塗って、紫外線対策を。

そして、朝晩のスキンケアで顔に塗った余りの美白美容液やクリームを手の甲に広げてみましょう。これを毎日の習慣にすれば、効果が期待できます。また、週に1度、p.20のように美白美容液でコットンパックするのもおすすめです。

気になる大きなシミがある場合は、p.21のような手の美容医療を受けるのも一案ですが、印象の強いネイルカラーで視線をそらすのもおすすめです。お金をかけなくても、ふだんから手間をかけてちゃんとお手入れをすれば、きれいな手に見違えていきます。

point!
手持ちの美白化粧水で
コットンパック

スクラブで甲のくすみや関節の黒ずみを流したあと、美白化粧水でコットンパック。肌がワントーン明るくなります。

point!
ネイルカラーは
強めのカラーを

強いネイルカラーで視線を分散させて、手の難をカモフラージュ。"ネイルが美しい手"を印象づけて。

Q

手がいつも**カサカサ**で**シワシワ**。
冬はささくれやあかぎれだらけに。どうケアすればいい?

A

手を洗ったら即保湿!
ゴム手袋、シルク手袋を活用

頻繁なアルコール消毒で、手荒れに拍車がかかっている人も多いのでは。出血するほどひどい手荒れは、皮膚科の受診をおすすめしますが、日々のケアで大事なのは、こまめな保湿。アルコール消毒をしたら、すぐ乾燥を防ぐケアを。外出先にもクリームやエッセンスを携帯しましょう。

そして、水仕事のときは、ゴム手袋を使うこと。P.19のように、食器洗いのときにハンドクリームを塗って、温熱パックを行うのも有効です。

また、ハンドクリームは肌を整える成分を補うもの、油膜やシリコンでコートして肌を保護するものなど機能がさまざま。手肌の悩みや、使うタイミングで使い分けを。また、クリームの前の化粧水による水分補給もぜひ。

---

point!

ハンドクリームの
成分にこだわって

保湿効果のある美容成分が配合され、ベースがアルガンオイルやシアバターなどの上質なものを。水仕事にはコート力のあるものを。

---

point!

就寝時には
シルク手袋を

ハンドクリームをたっぷり塗布してマッサージ。保湿効果の高いシルクのナイト手袋の着用も効果的。

PART 2

NAIL CARE

ながめていたくなる爪に見違える

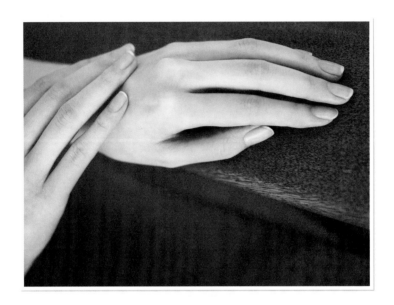

大人の美爪ケア

爪は、手の印象を大きく左右します。手のシミ・シワ対策で、成果を出すには
時間がかかりますが、爪ならすぐに美しく整えられます。保湿や甘皮のケアなど、
ベースケアをしっかり行い、自分でも見惚れる美爪になりましょう。

爪切りでも爪を傷めない

爪を切る

爪切りで長さを整えるのは爪に悪い、というイメージがありますが、
はじけたり、裂けたりしないよう、ふやかした状態で少しずつ切れば大丈夫。

爪はやわらかい状態で切りましょう

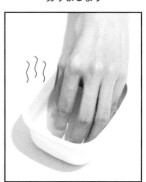

お風呂あがりなど、爪がふやけた状態がベスト。乾燥してかたくなっているときは、ストレスポイント (p.84) に大きな力がかかり、はじけて二枚爪になる危険が！

角から切り始める

イメージしたカーブになるよう、爪切りの刃のアーチを角に沿わせてカット。パチンとはじけないように、少しずつ。

角度を合わせて反対の角を切る

1で切った爪のカーブに合わせて、左右対称になるように反対側をカット。深爪にならないよう注意して。

| ITEM |

爪切り

アーチ形が女性の手の爪にフィットし、シャープな切れ味で爪の変形や負担を軽減。KOBAKO ネイルクリッパー(アーチ) 1,650円／貝印

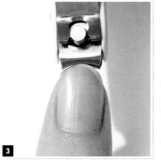

中央を切って長さを整える

最後に長さをそろえる程度に中央をカット。スクエアにする場合は、端から少しずつ一直線に切るか、直線刃の爪切りを使用して。

爪切りの選び方

手の爪は刃がアーチ、足の爪は直線で、刃先がスパッと切れ味のいいものが、爪を傷めずに切りやすい。やや小さめのもののほうが、爪の形を整えやすくて便利です。

きれいで強い爪はやすり使いが決め手

爪の形を整える

爪切りは爪をふやかして使いますが、やすりは爪が乾いた状態で
ていねいにかけましょう。雑にかけると爪トラブルの原因に。

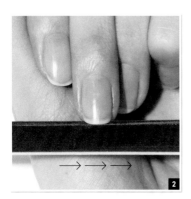

爪の先を削って長さを整える

爪の先がぶれないよう、1で固定した状態のまま、爪の先
端の中心から削る。角度を一定に保ち、軽い圧で一方向へ。

つけ根で
固定

爪とやすりを手のひらで固定

指を曲げ、親指のつけ根でやすりを固定、削る爪をやす
りにのせる。正面から爪が見え、左右対称に整えやすい。

| RECOMMEND |

爪やすり

爪やすりの選び方

素爪には180グリット以上のものを
（数字が小さいほど粗く、大きいほど
こまかい）選んで。180グリット以
下の爪やすりでは素爪に負荷がかか
りすぎてしまい、二枚爪の原因に。

素爪には白い面（100グリット）を使用。
黒い面（100グリット）はジェルネイルな
どに。uka ネイルファイル 330円／uka
Tokyo head office※プロセスでは別のア
イテムを使用しています。

✕ やすりを
固定していない

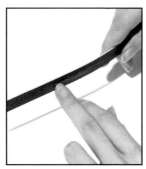

やすりの角度がぶれ、形が整えにくく二枚爪
の原因に。削る爪ではなくやすりを動かして。
利き手の爪を手入れするときは、やすりでは
なく手を動かしてOK。親指もほかの指と同
様に曲げてお手入れを。

× 角にやすりを
くい込ませている

爪の角にくい込ませた状態で、強くやすりを
かけると端に斜めに亀裂が入る原因に。

サイドのカーブに合わせて
やすりを丸く動かす

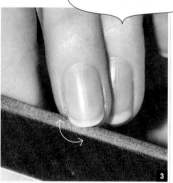

サイドと角を削る

やすりは強く押しつけず、なめらかに動かして削る。均
一な力かげんで左右対称になるように整える。

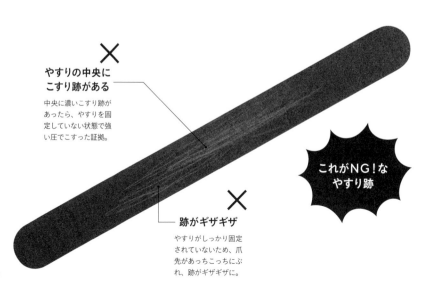

× やすりの中央に
こすり跡がある

中央に濃いこすり跡が
あったら、やすりを固
定していない状態で強
い圧でこすった証拠。

これがNG!な
やすり跡

× 跡がギザギザ

やすりがしっかり固定
されていないため、爪
先があっちこっちにぶ
れ、跡がギザギザに。

4タイプ

整えたい爪の形に合わせ、やすりを当てる角度を変えて。角度を一定にキープしさえすれば、自然に左右対称のきれいな形に仕上がります。
※写真では爪の形がわかりやすいように赤のネイルカラーを塗っています。カラーを塗っていない状態で整えてください。

Square off

スクエアオフ

45°

カジュアルなおしゃれ感を演出

先端が水平で、角に丸みがあるスクエアオフ。ほどよくカジュアルで、今どきに見える形です。やすりは45度に。角を削るときは、四角い形を残して少しずつ削って。

Square

スクエア

90°

エッジィでモードな手元に

先がほぼ水平で、角に丸みの少ないスクエアは、シャープでかっこいい印象に。爪とやすりがほぼ垂直になる状態で、一方向に削って。角はひっかからない程度に軽く整えて。

やすりの角度を変えて簡単きれいに

大人に似合う爪の形

NAIL TYPE :

Oval

オーバル

20°

ふんわり女性らしい指先に

やや先細り、でも先端がとがりすぎないオーバルはフェミニンな印象。やすりは爪の裏側に当たる20度をキープ。両サイドが同じ角度のカーブになるよう少しずつ動かして。

NAIL TYPE :

Round

ラウンド

30°

やさしくナチュラルで好印象

角に適度な丸みのあるラウンド。やすりは30度をキープ。爪は正面から見ながら整えると、左右対称に整いやすい。やすりを動かしにくかったら、やすりではなく指を動かす。

仕上がりの差が歴然！

甘皮とルースキューティクルを
オフする

美しい爪に欠かせない甘皮やルースキューティクルの処理。
長年、我流で行っている人も多いのでは？
正しいケア方法をおさらいしましょう。

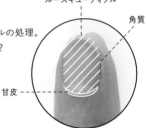

ルースキューティクル

角質

甘皮

— STANDBY —

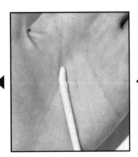

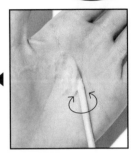

コットンをスティックに巻く

ウッドスティックでコットンをすくい上げる。くるくると回
転させ、スティックの先端にコットンを巻きつける。

| ITEM |

キューティクルリムーバー

甘皮ニッパー

ウッドスティック

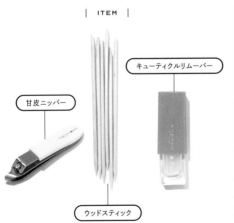

甘皮・ルースキューティクル
ケアアイテムの選び方

キューティクルリムーバーは、余分な甘皮や爪表面
をおおうルースキューティクルをやわらかくオフ
しやすくする液体。日々のお手入れにはたっぷり使
えるボトルタイプを。部分的に使うならペンタイプ
も便利。甘皮プッシャーは、甘皮やルースキュー
ティクルをこそげとる道具。ない場合は、ウッド
スティックで代用も可。ウッドスティックは先が平た
く、押し上げた甘皮やはみ出したネイルをこそげ
るときや、ネイルパーツをつけるときに便利。めく
れた甘皮をカットするニッパーはテコ式がおすすめ。
握って使うタイプ、リッパータイプも。

〈右から〉使いやすいスポイト式。KOBAKO キューティ
クルリムーバー 10ml 2,200円／貝印　甘皮処理に便利。
デュカート マニキュアスティック 6本入 418円／シャン
ティ　テコ式で、軽い力で簡単にカット。KOBAKO キュ
ーティクルニッパー 2,750円／貝印

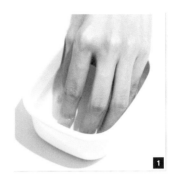

指を湯につける

40度くらいの湯に指をつけ、甘皮とルースキューティクルをやわらかくする。甘皮のかたい人は長めにつけて。

爪と周囲に

キューティクルリムーバーを塗る

甘皮と爪のまわり、爪全体に塗り、指でなじませる。かたくなった甘皮や角質をやわらかくし、落ちやすくする。

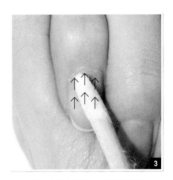

コットンスティックで押す

コットンスティックで軽くこすり、表面のルースキューティクルと白く浮いた甘皮の端をこそげ、根元へ押す。

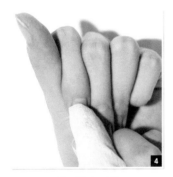

ガーゼでこする

指にガーゼを巻き、水で湿らせてから円を描くように動かして、こびりついたルースキューティクルをとる。

プッシャーでよりきれいに

甘皮プッシャー（p.44）を使うとよりしっかりルースキューティクル処理できます。

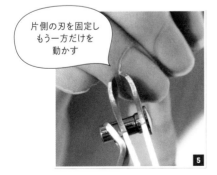

片側の刃を固定しもう一方だけを動かす

角のささくれを切る

端に残った甘皮の浮きやささくれは、ニッパーでカット。引きちぎらず、刃先でカットすること。甘皮の爪にしっかり付着している部分を切るのは厳禁。白く浮いた余分な部分だけを処理して。

オイルの浸透に差がつく

爪を磨き上げる

爪表面の凹凸や皮脂膜をとり除いてから、オイルで磨き上げ
ましょう。見惚れるほどに艶やかな爪に仕上がります。

ストライプワンピース 22,000円／ナナデェコール（サロン・ド・ナナデェコール）

爪と爪の
まわりに

ネイルセラムとオイルをつける

爪と爪の周囲にネイルセラムとネイルオイルを塗り、爪
母（p.84）のまわりをマッサージ。周囲の皮膚につける
のを忘れずに。

1回でOK

爪磨き（バッファー）をかける

いちばん粗い面から順に爪の表面の筋や凹凸を整えるよ
うに軽く磨く。横に一定方向にかけて。爪表面が白く
なったらOK。いちばん粗い面は月1回程度、ほかはお手
入れのたびに使って。

もみ込む

オイルのベタつきが残ったまま、5の仕上げ磨きをすると、バッファーが傷むのでしっかりともみ込む。

オイルをなじませる

指でなじませ爪全体に行き渡らせる。1で表面を削ったことでオイルの浸透がよくなり、スッとしみ込んでいく。

磨き上げる

爪磨きのいちばんこまかい面を爪に当て、圧をかけてしっかり密着させて磨く。爪磨きは往復させてOK。

| ITEM |

〈右〉粗さ違いの4面構造。KOBAKO
ブロックバッファー 3個入り 1,980
円／貝印 〈中〉爪にケラチンを補給
し、健康で美しい爪を育む美容液。
uka ウカ ベターネイルセラム 3,300
円、〈左〉ベースオイルにビタミンE
を豊富に含むアルガンオイルを使用。
ミントやレモンの香りでシャキッと
リフレッシュ。同 ネイルオイル 13:
00 5ml 3,300円／ともに uka Tok
yo head office

(ネイルオイル)   (ネイルセラム)   (爪磨き(ネイルバッファー))

お手入れ診断

ベースケアをサボって、そのままネイルカラーを塗っていませんか？　甘皮やルースキューティクル、爪表面の正しいケアがどれだけ重要か、詳しくご説明します。

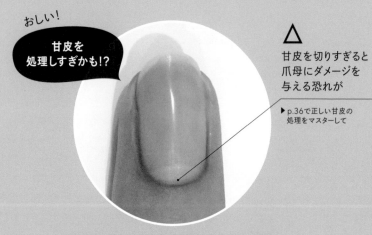

おしい！

**甘皮を
処理しすぎかも!?**

△
甘皮を切りすぎると
爪母にダメージを
与える恐れが

▶ p.36で正しい甘皮の
処理をマスターして

かなりいい線！ですが、甘皮を自分で切るのは控えて

セルフケアの範囲では、除去するのはルースキューティクルやささくれのみに。甘皮をカットし整えるのはプロにまかせて。皮膚を傷つけて出血したり、爪母に余計な刺激を与え、爪の発育を妨げます。

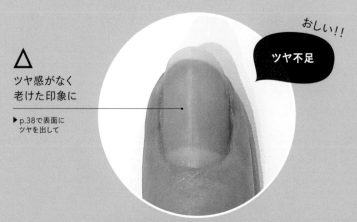

おしい！！

ツヤ不足

△
ツヤ感がなく
老けた印象に

▶ p.38で表面に
ツヤを出して

ネイルオイルを浸透させてツヤをアップ

オイルの浸透を妨げる爪表面の皮脂膜もきれいに除去されているので、こまめにオイルをつけて保湿を心がけて。さらに、爪磨きで磨き上げて浸透を高めるとよりピカピカに。

あなたもこんな爪になっていませんか?

あなたの爪に必要な

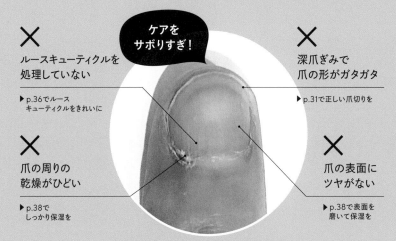

**ケアを
サボりすぎ!**

× ルースキューティクルを
処理していない

▶ p.36でルース
キューティクルをきれいに

× 爪の周りの
乾燥がひどい

▶ p.38で
しっかり保湿を

× 深爪ぎみで
爪の形がガタガタ

▶ p.31で正しい爪切りを

× 爪の表面に
ツヤがない

▶ p.38で表面を
磨いて保湿を

イチからベースケアをすれば見違えます!

形を整えて甘皮、ルースキューティクルの処理、オイルでの仕上げ磨
きと、やることはたくさん!ですが、すべて終えたら、自分でも驚く
ほど美爪に見違えます。最初だけサロンにベースケアを頼むのも手。

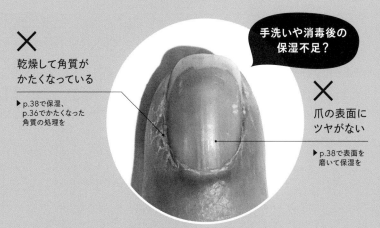

**手洗いや消毒後の
保湿不足?**

× 乾燥して角質が
かたくなっている

▶ p.38で保湿、
p.36でかたくなった
角質の処理を

× 爪の表面に
ツヤがない

▶ p.38で表面を
磨いて保湿を

顔と同じように洗ったら保湿!を徹底しよう

キューティクルリムーバーを使わずに甘皮を押し上げたのでは?
爪表面が凸凹でルースキューティクルが残っています。乾燥で甘皮
がささくれ、角質もかたくなっているので、保湿ケアから始めて。

大人のためのネイルケアアイテム

質のいいケアアイテムで、ご自身の手をいたわりながらお手入れを。
監修したKOBAKOのネイルラインも、高品質でおすすめです。

[爪やすり（ネイルファイル）]

扱いやすく削りやすいukaオリジナル

粗い面（100グリット）こまかい面（180グリット）で仕上げる2面の爪やすり。uka ネイルファイル 330円／uka Tokyo head office

[爪切り]

女性の爪にやさしい立体刃

爪に合わせたアーチ形の刃を採用。鋭い切れ味で爪の負担を軽減。KOBAKO ネイルクリッパー（アーチ） 1,650円／貝印

[爪やすり（ネイルファイル）]

なりたい爪の形が簡単につくれる

爪先と指の腹に固定して水平に削るだけで、爪の形が整えられる独自設計の爪やすり。粗さ別に各3種が。KOBAKO ネイルファイル〈上から〉（スクエアオフ）no.3、no.2、no.1、（オーバル）no.3、no.2、no.1 各1,430円／貝印

[爪やすり（ネイルファイル）]

弱い爪や薄い爪をいたわる

適度なしなやかさの木製ボードで、繊細な爪もやさしく削れる。Creartry エメリーボード（弱いツメ用） 4枚入 341円／貝印

[爪磨き（ネイルバッファー）]

4面使いで完璧に仕上げる

粗さ違いの4面で順に磨けば凹凸のない
つるつるの美爪に。KOBAKO ブロッ
クバッファー 3個入り 1,980円／貝印

[爪磨き（ネイルバッファー）]

5秒でツヤ出し完了

爪表面をムラなくなめらかに仕上げる特
殊加工のガラス製。ファイブセカンズシ
ャイン爪磨き 1,650円／協和工業

[キューティクルリムーバー]

トリートメントしながらオフ

クリームタイプのリムーバー。専用プッシ
ャーつき。ザ キューティクル クリーム
3,850円／アナ スイ コスメティックス

[キューティクルリムーバー]

たっぷり使えるスポイト式

爪表面のルースキューティクルやかたく
なった甘皮をやわらかく。KOBAKO キ
ューティクルリムーバー 2,200円／貝印

[ウッドスティック]

細部の処理にぴったり

先細りと斜めカットのWエンド。甘皮処理やネイルアートに。デュカート マニキュアスティック 6本入 418円／シャンティ

[甘皮プッシャー]

ルースキューティクルをきれいに

薄く丸みのある先端でやさしく処理。KOBAKO キューティクルプッシャー〈右から〉M、L 各2,200円／貝印

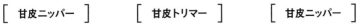

[甘皮ニッパー]

角質や長い甘皮はおまかせ

とりづらいかたくなった角質や長い甘皮の処理に向くテコ式のニッパー。KOBAKO キューティクルニッパー 2,750円／貝印

[甘皮トリマー]

V字カッターでささくれオフ

彫刻刀形で余分な甘皮を簡単カット。逆側は甘皮プッシャー。デュカート キューティクルトリマー 418円／シャンティ

[甘皮ニッパー]

使いやすさを追求した逸品

女性の手でも握りやすいサイズ感に計算され、初心者でもスムーズに細部の処理が可能。甘皮ニッパー 2,860円／貝印

[ネイルオイル]

シーンに合わせて使い分け

持ち歩きにも便利。uka ネイルオイル〈左から〉ベーシック 3,080円、7:15、13:00 各3,300円、18:30、24:45 各3,630円 各5ml／uka Tokyo head office

[ネイル美容液]

ダメージ爪も美しくケア

爪にケラチンなどを補給、弾力性のある健康的な爪に導く。uka ベターネイルセラム 3,300円／uka Tokyo head office

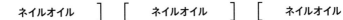

[ネイルオイル]

5種の美容成分がツヤをアップ

かさつく指先にリッチなうるおいとツヤを。ザ キューティクルオイル 12ml 2,200円／アディクション ビューティ

[ネイルオイル]

素早くなじみしっかり保湿

天然オイルでさらっと保湿。プロスパ ネイル＆キューティクルオイル 14.8ml 3,520円／オーピーアイジャパン

[ネイルオイル]

シアバターでこっくり保湿

かたくなったキューティクルに栄養を与え、強く健康的な爪に。シア ネイルオイル 7.5ml 2,530円／ロクシタンジャポン

[ネイルバーム]

フィトテラピーで爪と唇にうるおいを

uka リップ＆ネイルバーム〈左から〉スウィートトーク 3,850円、ピロートーク 4,180円、ミントトーク、メロウトーク 各3,850円 各15ml／uka Tokyo head office

[ネイルクリーム]

傷んだ爪を集中補修

二枚爪ケアにも◎。メンソレータム ハンドベール ビューティー プレミアムリッチネイル 12g オープン価格／ロート製薬

ネイルカラーの塗り方

うまく塗れない人にありがちなのが"我流塗り"。基本を知れば、誰でもきれいに
塗れるようになります。長年のクセを直して、セルフネイル上手に！

ポリッシュ

ベースコート

トップコート

除光液

コットン

綿棒

ウッドスティック

1 最初に道具を 全部並べておく

大事なのは道具一式をそろえ ておくこと。塗り始めてから あれこれ探すと、「ぶつけては げちゃった」になりがち。

〈左上から〉カラーを長もちさせる特殊ポリマ ーを配合。uka ベースコート ステイ 2,200円、 美容液成分が爪にやさしい。同 レッドスタ ディ ワン 4/1 2,420円、速乾性で色とツヤ のもちがアップ。同 トップコート シャイン 2,200円／以上uka Tokyo head office デ ュカート マニキュアスティック 6本入 418円 ／シャンティ ほかに必要なのは除光液、コ ットン、先の細い綿棒。

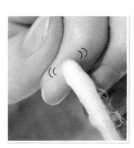

スティックに コットンを 巻きつける

爪表面の油分をオフ

コットンスティック(p.36)か綿棒に除 光液を含ませ、爪の表面や裏側の油分 や汚れをふきとる。油分などが残って いるとベースやカラーがのりにくくな るので、この作業は省かずに。

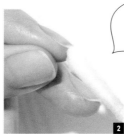

ベースコートを塗る

中央→右→左と3回で塗る。厚塗りに ならないようはけを爪に密着させて塗 り、爪の先から下へスッと落とす。

> 塗り終わりは
> 下に抜く

> 爪先まで
> 同じ幅で

> はけの先端で
> 根元の丸い
> 輪郭をつくる

少しあける

5

4

中央から塗り始める

爪の中央の根元から0.5ミリほどあけた位置にはけの先端を2秒ほどおき、輪郭をとってから一気に塗る。

ネイルカラーのはけをしごいて広げる

はけの片面をボトルの口でしごき、ネイルカラーの量を調節する。同時にはけを扇状に広げ、平らにする。

7

> はけの角で
> ラインをとる

6

逆サイドを塗る

逆サイドも同様に。端が塗りにくい場合、別の指で皮膚を広げて。すべての指を塗り終えたら、2度塗りする。

サイドに塗る

はけの角で輪郭をとりながら、サイドを塗る。筆が平らに広がっていると失敗しにくい。

9

8

トップコートを塗る

ネイルカラーが完全に乾いたら、上からトップコートを塗る。はけをねかせてふわっと多めに塗り、ツヤを出す。

爪の先に重ねる

すべての指に2度塗りしたら、はがれやすい爪先だけカラーを重ねる。はけでなぞるようにして薄く塗って。

塗るのがむずかしい色・タイプの
きれいな仕上げ方

Pearl
パール

Matte
マット

ムラになる

はけを動かしすぎるとムラに

薄く3度塗りできれいに。前のネイルカラーが乾いてから素早く薄く塗るのがポイント。

- - - - - - - - - - - - - - - - - - - -

pale color
淡い色

透ける

爪の一部が浮き
出て見える

はけを垂直に当てるとカラーがえぐれて透けて見えるので、45度くらいに当てて圧をかけずに塗る。

たまる

サイドに偏って
色ムラになる

ネイルカラーをとりすぎてはけを早く動かすと端にたまる。はけをしっかりしごいて分量調節を。

**NGな
塗りグセ**

しごかずたっぷり

はけはしっかりしごいて。ちょんちょんと軽く調節しただけでは量が多すぎる場合が多い。

したたらせる

ネイルカラーがしたたる状態で爪にのせると輪郭がゆがみやすく、はけの跡もつきやすい。

爪の上で広げる

たっぷりとったネイルカラーを爪の上で広げると、色ムラができ、塗り幅もガタガタに。

最初から塗り直さなくてOK!

乾く前のやらかしリペア

せっかく上手に塗れていたのに、うっかり、ということありますよね？
「やっちゃった！」というときのお助けリペア術を覚えておきましょう。

塗ってる間に
はみ出した！

綿棒でふきとる

先のとがった綿棒かコットンスティックに除光液を含ませ、はみ出た部分をふきとる。

1

塗ってる間に
さわった！

除光液をつける

除光液を指の腹につけ、傷になっている爪表面を軽くポンポンとたたく。段差をなめらかにならし、なるべく平らにする。

1

全体に
カラーを塗る

中央→サイドの順で全体にもう1度ネイルカラーを塗る。ボトルのふちでしっかりしごいて、量をのせすぎないように。

3

ゆるませて
平らにする

除光液が爪表面のネイルカラーに浸透して凸凹がなくなるまで待つ。全体がゆるんで平らな状態になって乾くまで放置する。

2

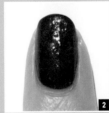

AFTER
元どおり！

トップコートを完全に乾かし、ネイルオイルをなじませる。

トップコートを
塗る

凸凹が見えなくなり、表面が乾いてきたら、そっとトップコートを塗る。ネイルカラーの凸凹をカバー。

4

落とさなくてもOK!

先はげリペア

先がはげたからといってイチから塗り直すのは大変。塗りたて状態に戻すテクを
お教えします。先だけラメなどを重ねてフレンチネイル風にしても素敵です。

AFTER　　　　　　　　　**BEFORE**

数日したら
**先がはげて
きた**

塗りたてみたい！

塗り直した部分が段差になることなく、なめら
か。つやつやで塗りたてのような仕上がりに。

ボロボロ

爪を立ててキーボードを打つなど、手を雑に使っ
て爪先だけはげるのは、あるあるなパターン。

先端にネイル
カラーを塗る

はげている部分だけに塗
る。多くつけすぎると段
差ができるので、はけの
先を使ってちょんとネイル
カラーをおいていく。

2

先端にベース
コートを塗る

ベースごとはげているの
で、先だけベースも塗り
直す。厚塗りにならない
よう、はけの先でかすれ
させるイメージで塗る。

1

トップコートを
塗る

しっかり乾いたら、全体に
トップコートを塗って仕
上げる。はけをねかせぎみ
にして厚めに塗り、ネイル
カラーのもちをよくする。

4

全体に塗る

先端が乾いたら、爪全体
に重ね塗りする。まわり
のネイルカラーと塗り足
したカラーをつなげる気
持ちでなめらかに。

3

大人の爪をいたわる
ネイルカラーの落とし方

塗り方だけでなくネイルカラーの落とし方にもコツがあります。
爪へのダメージを最小限に抑え、美しい爪を守りましょう。

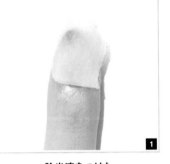

コットンを重ねる

ネイルカラーがとけてコットンに色がにじん
で浮き出てきたら、乾いたコットンを重ねる。

除光液をつけた
コットンをのせ、しばらくおく

除光液を含ませたコットンを、爪の上におい
て10〜20秒放置し、ネイルをとかす。

1回できれいにオフ!

何度もコットンで爪をこすると爪が傷む原因
になるので、1回で落とすのがポイント。

圧をかけて引き抜く

重ねたコットンごと指をつかみ、しっかりと
圧をかけてそのまま一気に指先へ引き抜く。

NGな落とし方

爪を傷める原因に！

コットンでゴシゴシして色移りしまくり

除光液を含ませたコットンでパックをせず、いきなりこすると爪にダメージ大。こするたびに色が移って広がり、皮膚にまで色がにじむ。

全然落ちていない！

コットンに含ませた除光液の量が少ないと、ネイルカラーが残り、こすって落とすことに。完全にオフしたあとはオイルを塗って保湿を。

5

端は綿棒に除光液をつけてオフ

除光液を含ませた綿棒で爪の端をなぞるようにして残ったネイルカラーをふきとる。

除光液の選び方

除光液は使い分けがおすすめです。ラメなど落としにくいネイルカラーはアセトンタイプでオフを。オイルや保湿成分入りを選んで。爪の乾燥が気になるときはアセトンフリーを。

| ITEM |

(除光液)

植物油を配合したアセトンフリーで爪にやさしい2層式リムーバー。uka ネイルカラーリムーバー 24:40 80ml 2,750円／uka Tokyo head office

リペア術

爪が割れてしまったとき、どうしていますか？　そのまま
放置していると衣服などに引っかかって余計ひどくなる
ことも。おうちでできるリペア術をご紹介します。

【 グルー＆フィラーを使う 】

 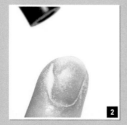 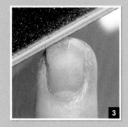

やすりをかける	フィラーをふる	グルーを塗る
フィラーが固まったら、厚みの出た部分を目のこまかいやすりで削ってなめらかに整える。	ネイルフィラーをふりかけ、余分な粉を払う。厚みが出るまで1～2を2～3回繰り返す。	ネイルグルーを爪の裂けた部分に少しずつ塗り、はけで軽く押さえ、裂け目をくっつける。

| ITEM |

（ネイルフィラー）

シアノ系ネイルグルーと接触すると硬化するアクリルパウダー。NFネイルフィラーパウダー 440円／ナチュラルフィールドサプライ

（ネイルグルー）

地爪のリペアやつけ爪をつけるときに使う爪用ののり。ibd 5セカンド ブラッシュ オン ネイルグルー（ブラシタイプ）1,155円／シンワコーポレーション

AFTER ◀ **BEFORE**

もろくなってきた爪を美しく補修

割れ爪のセルフ

【 セルフジェルネイルで爪先強化 】

トップコートを塗る

ジェルネイル用ライトを照射して硬化させ、段差を埋めるようにトップコートを重ねる。

先にジェルを塗布

根元まで塗ると浮きやすいので、ダメージを受けやすい爪先だけにジェルを塗布する。

| ITEM |

セルフジェルネイル

塗って硬化させるだけのワンステップ。ジェルミーワン GM 79 1,540円／コスメ・デ・ボーテ

AFTER

大人のためのネイルカラーアイテム

セルフネイルやサロン後のケアは、手間をかけずに
美しい仕上がりが長く保てる、便利なアイテムに頼りましょう。

[リムーバー]

ストレスフリーな
携帯用リムーバー

6種の植物オイルをぜいたくに配合し、爪へのダメージを抑える。ボタニカルエッセンス ネイルポリッシュ リムーバー 1枚入り×10包　1,100円／THREE

[リムーバー]

オーガニックオイルで
落としたあともつやつやに

レモン果皮油などのオーガニックオイルが、うるおいを残してネイルオフ。アンドネイル モイスチャースパリムーバーN 100ml　1,540円／石澤研究所

[リムーバー]

植物オイル配合で
爪にやさしい2層式

uka ネイルカラーリムーバー 〈右〉アセトンフリー。24:40　2,750円、〈左〉アセトン配合で楽々オフ。12:55　2,420円 各80ml／uka Tokyo head office

[トップコート]

美容液成分配合で
輝きともちをアップ

カラーとツヤが長もちするトップコート。さらっと塗りやすいテクスチャー。uka トップコート シャイン　2,200円／uka Tokyo head office

[ベースコート]

爪の凹凸をつるんと整え
ネイルをしっかり定着

特殊ポリマーを配合し、カラーの定着を高める透明ベースコート。速乾性で締めつけ感もなし。uka ベースコート ステイ 2,200円／uka Tokyo head office

[水分・油分除去剤]

ネイルカラー前に使えば
もちがぐんとアップ

ネイルカラー前に、爪の水分や油分を除去するために使うプロユースのアイテム。1本あると便利。アクセンツ ネイルプレップ　60ml　1,100円／滝川

[割れ爪ケア]　　[割れ爪ケア]　　[ハードナー]　　[素爪コート]

**割れ爪や薄い爪を
しっかり強化**

付属のシルクシートを貼って、補修剤を重ね、傷んだ爪を補修。MiMits　爪の補修剤 638円／ビー・エヌ

**ひび割れをくっつける
ネイルコート**

ひび割れや亀裂、二枚爪をひと塗りで接着。薄ピンクで自爪風に。ネイルネイル スプリットリペア N 880円／BCL

**まるで素爪！
マットなハードナー**

爪を繊維で補強。マットで仕事場でも浮かない。デュカート 自爪補強コート マットタイプ 990円／シャンティ

**透明薄膜ベールで
爪を保護＆ケア**

爪を保護、乾燥を防ぐツヤ出し美容液。オフの必要がなく日常ケアに◎。クイックケアコート 1,045円／エテュセ

[ジェルネイル風カラー]　　　[セルフジェルネイル]　　[ネイルのお直しキット]

**ぷっくり質感がまるで
ジェルなネイルカラー**

ジェルネイルのような厚みとツヤの出るカラー。速乾性でれを予防。ジェルカラーコート PK1 1,045円／エテュセ

**塗って硬化するだけ！
ペン型セルフジェル**

ベース、ジェル、トップの3役。するっとはがせる。OMD チャームスティックジェル クリア 1,320円／SEVEN BEAUTY

**ファイル、プッシャー、
リムーバーペンの3in1**

セルフネイルのお手入れやお直しに使える3アイテムが1本に。NAILS INC エスオーエス ペン 2,420円／TAT Inc.

簡単なのにおしゃれに見える

大人に似合うセルフネイルアート

頑張ってないのにセンスよく見える、uka流アートをおうちで。
ラウンドとスクエアオフ、形を変えて、雰囲気の違いを楽しむのも素敵。

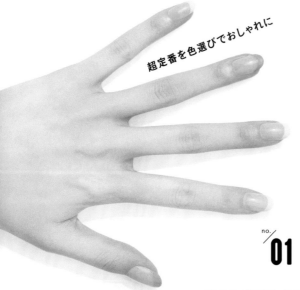

超定番を色選びでおしゃれに

NAIL ART :

French

フレンチ

永遠の定番、フレンチネイル。
色合わせで、ほどよく
カジュアルにふるのが
おしゃれ見えの法則。

no/ **01**

Aをすべての指に塗り、Bで親指、薬指、Cで残りの指をフレンチに。定番フレンチを、シックな色選びとフレンチ部分の2色使いでおしゃれに。

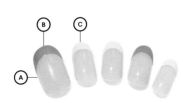

Nail Colors

A ザネイルポリッシュ 021S 1,980円／アディクション ビューティー　上品でピュアな好印象ピンク。

B uka ピンクスタディ スリー 1/3　2,420円／uka Tokyo head office　大人に似合うシックな桜色。

C ネイルポリッシュ 111 1,980円／THREE ほんのりグレーがかった、清潔感あふれるスノーホワイト。

1 ベース色を全体に塗る。先端が厚塗りにならないよう注意。ベースなしで爪先だけ塗るのも◎。

2 フレンチ部分はサイドから。はけを広げ、先端を使って右端から中心へ斜めに塗る。

3 次に左端から中心へ斜めに塗る。2と角度をそろえて左右対称にし、中心で重なるようにする。

4 2と3が重なり逆V字になる部分がなだらかなカーブになるよう、中央を縦に塗ってつなぐ。

5 4を左右になぞり、輪郭を補正。はけではなく指を左→右へ回転させるのがポイント。

基本のフレンチが完成。太さやカーブの強さを変えれば、バリエーションが楽しめる。

NAIL ART : **French**

no./
02

極細ブラックでモードをひとさじ

すべての指にAのイエローベージュを塗り、Bのブラックで極細に縁取り、極細のフレンチに。はけを押し広げた先端で、爪の先にスタンプを押すようにのせるのがコツ。

Nail Colors

Ⓐ uka ベージュスタディ ツー 5/2 2,420円／uka Tokyo head office さりげなくモードを主張する高感度イエローベージュ。

Ⓑ ザ ネイルポリッシュ 027C 1,980 円／アディクション ビューティ ― 赤みを秘めたノンパールのブラック。

no./
03

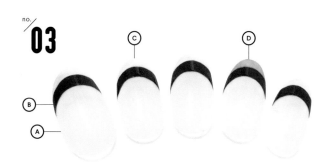

ダブルフレンチでクールな指先に

Aをすべての指に塗る。Bで太めのフレンチをつくり、薬指はD、残りの指はCで細めのフレンチに。手が込んで見えて、重ね塗りするだけだから失敗知らず。

Nail Colors

Ⓐ green ナチュラルネイルカラー ヌード 2,970円／manucurist（マニキュリスト） クリアでナチュラルなベージュ。

Ⓑ uka ペディキュアスタディ 6/ pedi 2,420円／uka Tokyo head office ペディキュアにももってこいのシックなインディゴブルー。

Ⓒ green ナチュラルネイルカラー スノー 2,970円／manucurist（マニキュリスト） 美しく発色するピュアなホワイト。

Ⓓ ネイルホリック YE510 330円 ／コーセーコスメニエンス ビビッドな発色のイエロー。ポイント使いにぴったり。

3 2が乾いたらマスキングテープを2で塗った部分の中央に貼り、テープより上にBを塗る。

2 1より爪先側にAを塗り、30秒ほど乾かし、テープの端をつまんでそっとはがす。

1 中央よりやや下に3ミリ幅のマスキングテープを貼る。ピンセットで端まで密着させる。

5 完全に乾いたら、全体にトップコートを塗って色と色の段差をなめらかにし、色落ちを防ぐ。

4 30秒ほど乾かしテープをはがす。テープを貼る位置や方向で、さまざまなブロックが描ける。

Nail Colors

A ネイルホリック BL918　330円／コーセー コスメニエンス　淡い色みながらしっかり発色するスカイブルー。

B green ナチュラル ネイルカラー パープルスピネル 2,970円／manucurist（マニキュリスト）女っぽプラム。

NAIL ART :

Color Block

カラーブロック

大胆な塗り分けが
センスをアピール。
マスキングテープを使えば
意外なほど簡単。

左上の要領で、Aをすべての指の爪先側1/2に塗り、Bを先端に重ねる。スクエアオフの場合はBを太め、ラウンドは細めに塗るとバランスがいい。

簡単なのに手の込んでる風ツートンブロック

no.
04

no./ **05**

モード感ただようラウンドブロック

Aを親指、人さし指、薬指に、Bを中指、小指に塗る。親指と人さし指は、根元にゴールドを残しながら、はけの丸みを利用してBを塗り、ブロックに。Cを全体に塗ってマットに仕上げる。

Nail Colors

Ⓐ green ナチュラル ネイルカラー ゴールドサンド 2,970円／manu curist（マニキュリスト）　なめらかなイエローゴールド。

Ⓑ ネイルポリッシュ 16 (CL) 1,650円／RMK Division　指先を健康的でやさしく見せるイエローみのクリアピンク。

Ⓒ ネイルホリック SP011　330円／コーセーコスメニエンス　手持ちのポリッシュをマットに仕上げるトップコート。

no./ **06**

さわやかカジュアルな斜めブロック

Aを親指、中指、小指、Bを人さし指、Cを薬指全体に塗る。マスキングテープを使い人さし指の斜め上半分にAを重ねる。同様にBを薬指、Cを小指に。海と空を思わせる夏にぴったりのデザイン。

Nail Colors

Ⓐ green ナチュラル ネイルカラー ダヴベージュ 2,970円／manucu rist（マニキュリスト）　パステルベージュ。

Ⓑ green ナチュラル ネイルカラー シーグリーン 2,970円／manucu rist（マニキュリスト）　南国の海のようなエメラルドブルー。

Ⓒ ネイルホリック GR711　330円／コーセーコスメニエンス　夏に映えるさわやかなパステルグリーン。

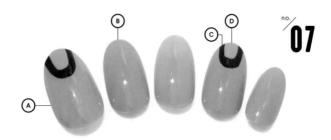

no./07

ヴィンテージモチーフな楕円ブロック

Aを親指、中指、Bを残りの指全体に。Cで親指、薬指の先にはけの丸みを利用して楕円ブロックを描き、その内側にDを重ねる。淡い地に濃いブロックが映える。

Nail Colors

A ザ ネイルポリッシュ 022C 1,980円／アディクション ビューティー 甘すぎないくすみ感が大人にちょうどいいピンクみのグレー。

B ネイルホリック GY035 330円／コーセーコスメニエンス さりげなくおしゃれに見えるグレイッシュパープル。

C NAILS INC 45 セカンド スピーディタイム フォートラファルガー スクエア 2,530円／TAT Inc. 夜の空のようなブルー。

D ネイルポリッシュ 30(M) 1,650円／RMK Division セルフアートのアクセントに活躍するマットベージュ。

no./08

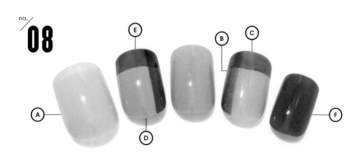

シアーな色の重なりを楽しむ縦横ブロック

親指、薬指の全体にAを塗り、p.60の要領で透け感を残しながらBを縦、Cを横に重ねる。Dを人さし指、中指の全体に塗り、人さし指にはEを横、Fを縦に1度塗り。小指にFを。

Nail Colors

A ネイルポリッシュ 98 1,980円／THREE レッドパール入りで甘いだけじゃないシャイニーパウダーピンク。

B グロウアップネイルカラー G011 1,375円／hince ゴールドパールがきらめくゴージャスなローズブラウン。

C ネイルカラー 10 1,760円／ポール & ジョー ボーテ 重ねるごとに表情を変えるブラウンがかったオレンジレッド。

D ネイルカラー 20 1,760円／ポール & ジョー ボーテ ほんのり黄色みがあり、肌なじみのいい明るめグレー。

E ネイルポリッシュ 12(CL) 1,650円／RMK Division スタイリッシュさと軽やかさをあわせ持つ墨グレー。

F ネイル カラー ポリッシュ 08 2,750円／SUQQU スモーキーな発色で重く見えないグレイッシュブルー。

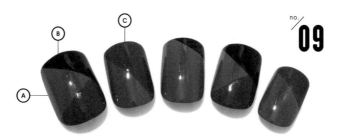

斜めブロックを同系色でシックに

Aをすべての指に塗る。p.60の要領でマスキングテープを斜めに貼り、Bを親指、中指、薬指に、貼る方向を変えてCを中指以外に重ねる。塗るバランスは指ごとに変えて。

Nail Colors

Ⓐ NAILS INC レッツゲットヌード クイーンズ プレイス 3,080円／ TAT Inc. やわらかな印象のオレンジブラウン。

Ⓑ ザ ネイル ポリッシュ 035C 1,980円／アディクション ビューティー モード感あふれるノンパールのダークレッド。

Ⓒ ネイルホリック OR 204 330円／コーセーコスメニエンス クリア発色が使いやすいビビッドなオレンジ。

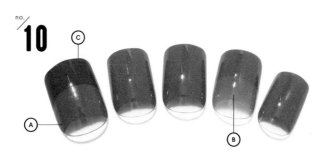

大人ポップなラウンドブロック

すべての指の根元に丸く切ったマスキングテープを貼り、Aを薬指以外に、Bを薬指に塗る。乾いたらテープを貼り直し、親指の爪先1/3にCを、薬指の爪先1/3にAを重ねる。

Nail Colors

Ⓐ ネイルホリック PK829 330円／コーセーコスメニエンス 透明感と発色を両立したフューシャピンク。

Ⓑ エレガンス クルーズ フローリック ネイルラッカー OR02 1,650円／エレガンス コスメティックス 夏に映えるブライトオレンジ。

Ⓒ NAILS INC 45 セカンド スピーディ メイフェア メイド ミー ドゥ イット 2,530円／TAT Inc. 鮮やかな赤。

Marble & Nuance

マーブル＆ニュアンス

トップコートでまぜるだけ！
なのに仕上がりはサロン風な
マーブル柄や色ムラニュアンス
は覚えておきたいテクニック。

ほんのりオレンジがキュートなモカマーブル

no.
/
11

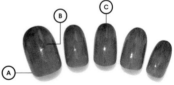

左の要領で同系色3色をマーブル
に。スクエアオフでカジュアル、ラ
ウンドでクール。同系色か、濃い
色とミルキーな色を組み合わせると
マーブル感が出しやすい。

① Aをベースカラーとし
て塗る。

② ベースが乾く前に、B
を爪先側半分に塗る。
適当でOK。

③ 2が乾く前にCを爪先
1/3に塗る。

④ 3が乾く前に、トップ
コートのはけで先端へ
ふわっとまぜる。不要
なブラシを使うと◎。

⑤ 完全に乾いたら、トッ
プコートを塗る。

ざっくりまぜてはけ跡
を残したり、全体をなめ
らかにまぜたりで、バリ
エーションが楽しめる。

Nail Colors

Ⓐ ネイルポリッシュ 100　1,980円／THREE
くすみ感が大人の手元にちょうどいいベージ
ュブラウン。

Ⓑ uka ペディキュアスタディ 8/pedi 2,420円
／uka Tokyo head office　シックで華やか
なターメリックブラウン。

Ⓒ uka ペディキュアスタディ 9/pedi 2,420円
／uka Tokyo head office　ダークなエボニ
ーブラウン。

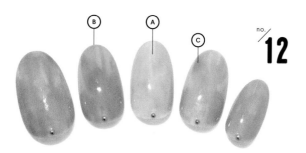

べっ甲風マーブルでラグジュアリーに

Aを親指、中指、薬指、Bを残りの指に塗る。Cをすべての指の全体にランダムにのせ、トップコートでふわっと広めにぼかす。根元にゴールドのブリオンをON。

Nail Colors

(A) ザ ネイルポリッシュ 001SS 1,980円／アディクション ビューティー ほのかにピンクを帯びたシアーベージュ。

(B) ネイルホリック YE510 330円／コーセーコスメニエンス 鮮やかなのに浮かない、絶妙なネオンイエロー。

(C) uka カラーベースコート ゼロ 10/0 2,200円／uka Tokyo head office 手元をモードに引き上げるライトグレー。

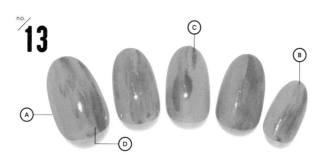

甘めピンクを縦マーブルで大人にシフト

Aをすべての指に塗る。BとC、Dをランダムにのせる。このとき、はけを縦にさっと動かし、縦方向にかすれさせ、トップコートでぼかす。全体にぼかさずベースの色をのぞかせて。

Nail Colors

(A) ネイルホリック PK824 330円／コーセーコスメニエンス 大人のキュートを楽しめるミルキーピンク。

(B) ネイルホリック GR719 330円／コーセーコスメニエンス パステルニュアンスがポップな発色の80年代風ブルーグリーン。

(C) green ナチュラル ネイルカラー アゼリア 2,970円／manucurist（マニキュリスト） イエローみでキュートなピンクレッド。

(D) ネイルカラー 314 1,980円／アナスイ コスメティックス 偏光ホログラムやパールが華やかなシャインベージュ。

きれい色の多色使いもマーブルなら簡単

Aをすべての指に塗る。爪の先1/3にBを塗り、乾かないうちにC、D、E、Fをランダムに重ね、トップコートでぼかす。Cは直線的に、ほかの色は丸くON。

Nail Colors

(A) uka ラメベースコート ゼロ H²/0 2,420円／uka Tokyo head office　デイリーに使える繊細なラメ入りのクリアなホワイト。

(B) uka カラーベースコート ゼロ 4/0 2,200円／uka Tokyo head office　ほんのりブルーがクールなグレー。

(C) uka ペディキュアスタディ 12/pedi 2,420円／uka Tokyo head office　モードな表情のブルーグリーン。

(D) uka ペディキュアスタディ 7/pedi 2,420円／uka Tokyo head office　明るくポップなのに上品なイエロー。

(E) uka カラーベースコート ゼロ 14/0 2,200円／uka Tokyo head office　血色を与えるミルキーな赤みのオレンジ。

(F) ネイルホリック GR709　330円／コーセーコスメニエンス　フレッシュな印象の、ホワイトがかった若草色。

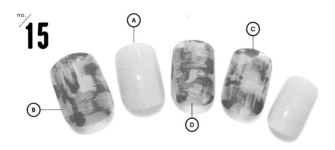

ざっくり塗りがアートなグラフィティ風

Aをすべての指に塗る。親指、中指、薬指にB、C、Dを縦横ランダムに直線的にのせる。はけを素早く動かしかすれさせて。最後に親指、中指、薬指にEを重ね質感チェンジ。

Nail Colors

(A) グロウアップネイルカラー G001 1,375円／hince　明るくあたたかみのある発色で指先をトーンアップするイエローベージュ。

(B) グロウアップネイルカラー G007 1,375円／hince　ほどよいくすみ感が大人にぴったりのクリアなビターオレンジ。

(C) ネイルポリッシュ 23(CL) 1,650円／RMK Division　スウィートなローズピンク。クリアだから派手になりすぎず使いやすい。

(D) ネイルホリック GR717　330円／コーセーコスメニエンス　みずみずしく発色するフレッシュなライムグリーン。

(E) ネイルホリック SP011　330円／コーセーコスメニエンス　ひと塗りで印象チェンジできるマットトップコート。

ダークカラーベースでラフなのにきれい見え

Aを中指以外に、Bを中指に。BとCを親指、薬指の中央にランダムにのせ、トップコートでぼかす。ダークなベース×ホワイトがかったマーブルは高級感があり大人の手元に映える。

Nail Colors

Ⓐ ネイルポリッシュ 92 1,980円／THREE ノスタルジックなブルーグリーン。シアーな発色でさわやかに仕上がる。

Ⓑ ネイルポリッシュ 106 1,980円／THREE イエローみとほどよい軽さで手元が明るく見えるパステルカーキ。

Ⓒ ネイルカラー 16 1,760円／ポール & ジョー ボーテ 甘さの中に大人っぽさがただようパステルミントブルー。

1本だけマーブルで定番赤ネイルをイメチェン

Aを中指以外に塗る。Bを中指の全体に塗り、薬指はランダムにのせてトップコートで縦にぼかす。1本だけ色を変え、その色で1〜2本マーブルにする方法は応用力無限大。

Nail Colors

Ⓐ uka レッドスタディ ワン 5/1 2,420円／uka Tokyo head office 大人の女性に似合う重すぎない赤みのボルドー。

Ⓑ ザネイルポリッシュ 038S 1,980円／アディクション ビューティー クールビューティーなグレイッシュなブルー。

NAIL ART : **Marble&Nuance**

渋色ベース×ピンクドットのバランスにきゅん♡

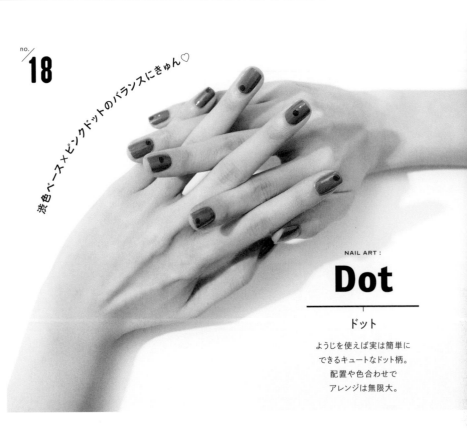

NAIL ART :

Dot

ドット

ようじを使えば実は簡単に
できるキュートなドット柄。
配置や色合わせで
アレンジは無限大。

Bをアルミホイルなど
に少量とる。

Aをベースカラーとし
て塗る。

大きめドットにしたい
場合はようじで丸く塗
り広げ,小さなドットな
らようじの先端を使う。

ベースが乾く前に,つ
まようじのおしりでB
をとり,スタンプのよ
うにしてドットを描く。

Aをすべての指に塗り,左の要領で
Bですべての指にドットを1つずつ描
く。左右センターの根元、中央、先
端と位置をそろえてのせると子ど
もっぽく見えない。

Nail Colors

A ネイルホリック GR721　330円／コーセー
コスメニエンス　ダークなのに華やかなニュ
アンスカーキ。

B green ナチュラル ネイルカラー ピオニー
2,970円／manucurist（マニキュリスト）
鮮やかな青みホットピンク。

no./
19

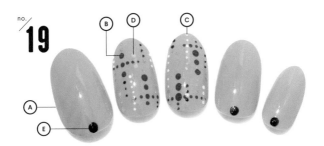

大小ドットでベージュネイルに個性をON

Aをすべての指に塗り、人さし指、中指にB、C、D、Eでドットを縦にライン状にのせる。大小をつけ、Bはクロスさせる。親指、薬指、小指の根元にEで大きめのドットを。

Nail Colors

(A) ネイルホリック BE322 330円／コーセーコスメニエンス なじみながら手を美しく見せるスモーキーなベージュ。

(B) ネイルポリッシュ NC633 1,190円／ザラ 鮮やか発色のレッドオレンジ。コーデのアクセントにぴったり。

(C) NAILS INC 45 セカンド スピーディ ファインド ミー イン フルハム 2,530円／TAT Inc. パキッと発色のホワイト。

(D) green ナチュラル ネイルカラー ゴールドバトン 2,970円／manu curist（マニキュリスト） ビビッドイエロー。

(E) uka ブラックスタディ 3/L 2,750円／uka Tokyo head office レザーのような質感のブルーブラック。

no./
20

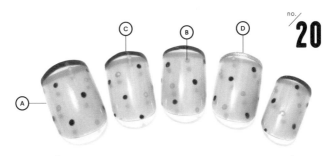

モノトーンで楽しむ大人ガーリー

Aをすべての指にで透け感を残して1度塗り、BとCでドットをのせる。大きさや間隔をそろえると大人っぽい。Cで薬指以外、Dで薬指の先端を細いフレンチに。

Nail Colors

(A) uka カラーベースコート ゼロ 8/0 2,200円／uka Tokyo head office 日本人の肌色に合うスモーキーなグレー。

(B) uka ペディキュアスタディ 11/pedi 2,420円／uka Tokyo head office グレーニュアンスの落ちつきのあるアースブルー。

(C) ネイルカラー 209 1,980円／アナスイ コスメティックス ちょっぴり毒をまとった大人のダークパープル。

(D) ネイルカラー 023 1,980円／アナスイ コスメティックス クールな輝きを放つメタリックシルバー。ポイント使いにも便利。

NAIL ART : **Dot**

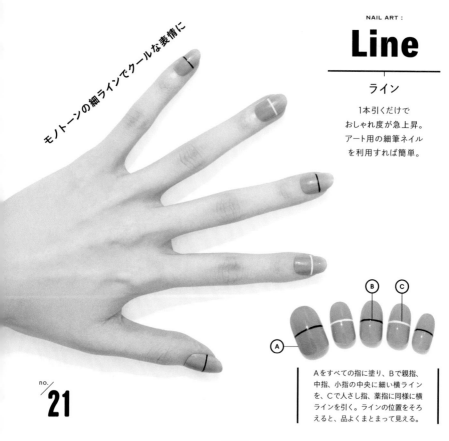

Line

ライン

モノトーンの細ラインでクールな表情に

1本引くだけで
おしゃれ度が急上昇。
アート用の細筆ネイル
を利用すれば簡単。

no.
21

Aをすべての指に塗り、Bで親指、中指、小指の中央に細い横ラインを、Cで人さし指、薬指に同様に横ラインを引く。ラインの位置をそろえると、品よくまとまって見える。

Nail Colors

Ⓐ uka ベージュスタディ ツー 2/2　2,420円／uka Tokyo head office　イエベに似合う落ち着いた王道ベージュ。

Ⓑ ネイルホリック BK081　369円／コーセー コスメニエンス　極細筆のブラック。1つ持っているとアートに便利。

Ⓒ ネイルホリック WT080　369円／コーセー コスメニエンス　コシのあるアート用極細筆が使いやすいホワイト。

1
Aをベースカラーとして塗る。

2
指を右に傾けておき、Bの筆先を左端において指を左回転させ、中心までラインを引く。

3
そのまま指を左回転させ、同じ圧でスーッと右端までラインをまっすぐ描く。

筆ではなく指を動かして圧を統一。左→中心、中心→右へと少しずつ描くのがコツ。

no./**22**

赤×ゴールドのラインで艶やかさをまとう

Aをすべての指に塗り、Bを人さし指の先端、薬指のサイドに太い
ライン状に入れる。AとBの境目にゴールドのラインテープを貼る。
平面と立体のラインのミックスが感度高め。

Nail Colors

Ⓐ ネイルポリッシュ112　1,980円
／THREE　モード感を演出しな
がら、上品な表情に仕上がる大人
のためのグレー。

Ⓑ ルナソル ネイルポリッシュ03
2,200円／カネボウ化粧品　ポジ
ティブなオーラを放つ、ビビッド
な赤みオレンジ。

NAIL ART : **Line**

no./**23**

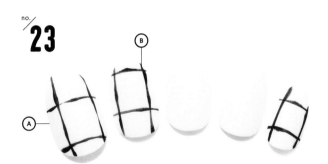

モードな遊びゴコロを指先に

Aをすべての指に塗る。Bで親指、人さし指、小指にチェック柄を
描く。チェックは指によって位置を変えてざっくり、ラフな線で描
く。最後にCでマットに仕上げて。

Nail Colors

Ⓐ NAILS INC 45 セカンド スピー
ディ ファインド ミーインフルハ
ム　2,530円／TAT Inc.　どこま
でもピュアなホワイト。

Ⓑ ネイルホリック BK010　330円
／コーセーコスメニエンス　凛と
した大人の強さを主張するモード
なブラック。

Ⓒ マットトップコート1,650円／
RMK Division　ネイルの質感を
マットにチェンジできる。クール
な印象をメイク。

NAIL ART :

Sponge

スポンジ

スポンジにネイルカラーをつけて
ポンポンとスタンプするだけで
手が込んでる風の仕上がりに。
覚えておきたいテクニック。

パールベース×スポンジアート＝映えの法則

no./
24

4	**3**	**2**	**1**
ボテッと色がのりすぎたらスポンジの白い部分で吸いとり、ニュアンスを出して。	ホイルに試し押しし、かすれ感が出たら爪にポンポンとスタンプする。	ホイルにBとCを出す。スポンジを小さくちぎり、ピンセットでつまみBとCをつける。	Aをベースカラーとして塗る。アイテムは左ページ上を参照。

Aを親指、中指、薬指にのせ、B、Cをそれぞれ右ページの要領で
小さく切ったスポンジにとってのせる。メタリックなベースに、白っ
ぽい色や強い色をのせると映える。Cを残りの指に。

Nail Colors

(A) ネイルカラー 320 1,980円／ア
ナ スイ コスメティックス　ゴー
ルドパール入りのパーリィなラベ
ンダーピンク。

(B) エレガンス クルーズ フローリッ
ク ネイルラッカー YE01 1,650
円／エレガンス コスメティックス
つややかなブライトイエロー。

(C) uka ペディキュアスタディ 3/
pedi 2,420円／uka Tokyo head
office　大人キュートなライムス
トーン。

NAIL ART : Sponge

no.
25

赤グラデ×ブラックラインで個性を主張

Aを中指以外に、Bを中指に塗る。Cをスポンジにとり、親指と薬
指の先端と根元から中央に向かってグラデにし、さらに先端と根元
だけBを重ね、Dで横ラインを引く。

Nail Colors

(A) グロウアップネイルカラー G002
1,375円／hince　ほんのり赤み
で手元が美しく見えるくすみベー
ジュ。

(B) green ナチュラル ネイルカラー
レッドコーラル 2,970円／manu
curist（マニキュリスト）　パキッ
と発色する赤みのオレンジ。

(C) ザ ネイルポリッシュ 032C 1,9
80円／アディクション ビューテ
ィー　華やかに目をひくレッド。
透け感がありつけやすい。

(D) ネイルホリック BK010 330円
／コーセーコスメニエンス　クー
ルに主張するツヤ感ブラック。ポ
イント使いにも。

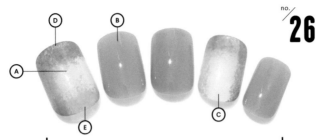

カラフルなマドラスチェックで元気をチャージ

Aを親指、薬指に、Bを残りの指に塗る。親指のサイドにBとC、
先端にD、根元にEを、薬指のサイドにD、E、先端にB、根元に
Cをスポンジで直線的にのせ、チェック柄に。

Nail Colors

A uka ペディキュアスタディ 3/pe di 2,420円／uka Tokyo head office　手元に透明感を与え、トーンアップするライムストーン。

B green ナチュラル ネイルカラー ピンクサテン 2,970円／manucu rist（マニキュリスト）　くすみ感が◎な青みベージュピンク。

C ネイルホリック GR710　330円／コーセーコスメニエンス　キュートなパステルグリーン。イエローみでなじみやすい。

D ネイルポリッシュ 119　1,980円／THREE　やわらかな発色で、大人のキュートさを引き出すキャロットオレンジ。

E uka ペディキュアスタディ 7/pe di 2,420円／uka Tokyo head off ice　ポップなのにやわらかなマリーゴールドイエロー。

ほんのり和が香る3色グラデ

Aをすべての指に塗り、Bをスポンジで先端から中央くらいまでの
せる。境目は少量にしグラデに。人さし指、小指の先端1/3に、C
を同様にグラデにのせる。

Nail Colors

A ネイルホリック GR720　330円／コーセーコスメニエンス　濃すぎず淡すぎず、落ち着いたトーンのグレー。

B ネイル カラー ポリッシュ 02　2,750円／SUQQU　クールさと透明感をまとった、大人にぴったりのピンクライラック。

C ザネイルポリッシュ 041S　1,980円／アディクション ビューティー　ブルーがかったディープグリーン。上品な強さを指先にプラス。

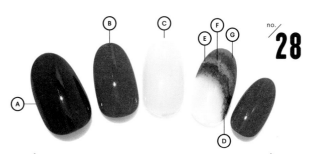

no./ **28**

レインボーで指先から幸運を引き寄せて

Aを親指、Bを人さし指と小指、Cを中指に2度塗り、薬指に1度
塗り。薬指はレインボーグラデに。スポンジで内側からD、A、E、
F、B、Gの順に弧を描くように重ねる。

Nail Colors

Ⓐ ザ ネイルポリッシュ 043C　1,9
80円／アディクション ビューテ
ィー　ダークなのに鮮やかなミッ
ドナイトブルー。

Ⓑ エレガンス クルーズ フローリッ
ク ネイルラッカー OR02　1,650
円／エレガンス コスメティックス
強いのに落ちついた大人オレンジ。

Ⓒ ネイル カラー ポリッシュ 01　2,
750円／SUQQU　指先を明るく
美しく見せる、繊細なパール入り
のクリームイエロー。

Ⓓ ネイルホリック PU118
330円／コーセーコスメニ
エンス　手元をさりげなく
華やかに見せるスモーキー
なパープル。

Ⓔ エレガンス クルーズ フロ
ーリック ネイルラッカー
NV01　1,650円／エレガ
ンス コスメティックス
発色のいいスカイブルー。

Ⓕ uka ペディキュアスタディ
7／pedi 2,420円／uka
Tokyo head office　さり
げなくキュートに魅せる大
人のイエロー。

Ⓖ ネイルカラー 18　1,760円
／ポール & ジョー ボーテ
上品な華やぎをまとえる青
みのピンク。アートのポイ
ント使いにも活躍する色。

no./ **29**

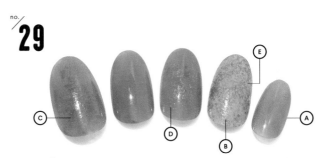

スポンジアートならピンクも甘くなりすぎない

Aを薬指以外に、Bを薬指に塗る。スポンジで親指、中指の中央に
C、Dを、薬指の全体にA、C、D、Eを軽くのせる。同系色を少量
ずつのせることで、奥行きのある仕上がりに。

Nail Colors

Ⓐ ネイルポリッシュ 10(CL) 1,650
円／RMK Division　シアーなラ
イトグレー。重ねてニュアンスづ
けにも使える色。

Ⓑ NAILS INC 45 セカンド スピー
ディ クルージング イン カーナビ
ー ストリート　2,530円／TAT
Inc.　サーモンピンク。

Ⓒ ネイルホリック PK823　330円／
コーセーコスメニエンス　華やか
さ満点の青みのオーキッドピンク。
ポイント使いでも映えるカラー。

Ⓓ green ナチュラル ネイルカラー
エンジェルズトランペット 2,970
円／manucurist（マニキュリス
ト）イエベにもブルベにも似合う
ピンク。

Ⓔ ネイルホリック BL925　330円
／コーセーコスメニエンス　シッ
クなブルーグレー。重すぎずデイ
リーに使いやすい。

Foil & Sticker

箔&シール

市販の箔シートやシール
を使えば本格アート風に。
ベースはシックな色を
選べば失敗知らず。

3 指で2の上をトントンと押して圧をかけ、ベースコートを塗った部分に箔を接着させる。

2 箔を貼りたい部分だけにベースコートを塗り、30秒ほど乾かしてから箔シートをのせる。

1 ベースカラーを塗る。

6 乾いたらトップコートを重ねて箔をしっかり定着させる。

5 30秒おいて粘着力が出たら別の色の箔をのせ、同様に指でポンポンと貼りつける。

4 箔シートをはがし、別の色の箔を貼りたい部分にピンポイントでベースコートを塗る。

ベースコートで箔をONして
いつもネイルを格上げ

no.
30

Nail Color

Ⓐ ネイルポリッシュ NC202 1,190円／ザラ 大人のかわいさを演出するグレイッシュラベンダー。

Ⓑ ネイルカラー 20 1,760円／ポール＆ジョーボーテ クールさと軽やかさをあわせ持つライトグレー。

Aを親指と中指、小指に塗る。人さし指、薬指にはBを塗り、中央にベースコートをつけ、左上の要領でピンクゴールドとシルバーの箔をのせてはがす。

NAIL ART : **Foil & Sticker**

ディープレッド×ゴールドで簡単高見え

Aをすべての指に塗る。ゴールドラインのシールを、親指は中央、薬指は一部カットして根元につける。細いラインのシールは、簡単にバランスよく仕上がって便利。

Nail Color

Ⓐ uka レッドスタディ ワン 7/1　2,420円／
uka Tokyo head office　イエベにもブルベにも似合うボルドーレッド。

繊細な花モチーフでボタニカル気分

Aをすべての指に塗る。乾いたら、花モチーフのシールを貼る。先端からと根元からと向きを変え、1本、複数と数も変えて貼るとバランスよく華やかに。

Nail Color

Ⓐ uka ベージュスタディ ツー 3/2　2,420円／
uka Tokyo head office　ブルベの手元に自信をくれるパープルベージュ。

Coloring

カラーリング

指ごとに別の色を使うのが最近の流行。
簡単なのにおしゃれ見え効果絶大。
大人ならではの色合わせを覚えて。

1本だけ同系色ミックス。すぐできて、すぐおしゃれ！

no./ 33

- COLORING POINT -

カラーリングで簡単なのは、同系色か、パステル、スモーキーなど
同じトーンの2色を使い、左右の手で指を変えて各1〜2本違う色
を入れること。色を変える指は薬指、人さし指、小指ならハズしま
せん。親指や中指を変えるとクールな印象に。

Theme Items

(A) green ナチュラル ネイルカラー ダーククローバー 2,970円／manucurist（マニキュリスト）深みグリーンブルー。

(B) ザ ネイルポリッシュ 042C 1,980円／アディクション ビューティー モードにキマるグレーネイビー。

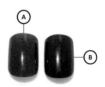

Aを右手の中指以外、左手の中指に、Bを右
手の中指、左手の中指以外に。同系色で少し
だけ色みの違うカラーを片手に1本ずつまぜる
と、さりげなくセンスアップ。

ラメでニュアンスパステルを華やかに

Aを親指、薬指、小指に、Bを人さし指、Cを中指に塗る。Dですべての指に
ラメを重ねる。ホワイトの中にくすみパステルを加え、ラメで統一感を。

Theme Items

(A) ネイルポリッシュ 09(P) 1,650円／RMK Division
明るく発色しながら肌になじむ絶妙なホワイト。

(B) エレガンス クルーズ フローリック ネイルラッカー MN01
1,650円／エレガンス コスメティックス 赤グレージュ。

(C) ネイルポリッシュ 118 1,980円／THREE ミルキーな
モスグリーン。デイリーに使いやすいおしゃれカラー。

(D) ネイルホリック SV026 396円／コーセーコスメニ
エンス インパクト大のシルバーのグリッターフレイク。

パープルピンクを1本さして意味深に

Aを薬指以外に、Bを薬指に。ダークなブラウンの中に、1本だけビビッドなピ
ンクをミックスして、女らしさをきわ立たせて。片手だけに1本入れても。

Theme Items

(A) NAILS INC レッツゲットヌード コーンウォール クレセ
ント 3,080円／TAT Inc. モードに仕上がるココア色。

(B) green ナチュラルネイルカラー アルメリア 2,970円／
manucurist（マニキュリスト） 華やかパープルピンク。

ラメをアクセントにした上品ペールトーン

Aを親指、薬指、Bを人さし指と小指、Cを中指に。ペールトーンの組み合わ
せの中に、こまかなラメをさし込むと、上品な華やかさを演出できる。

Theme Items

(A) uka ペディキュアスタディ 10/
pedi 2,420円／uka Tokyo head
office クールで甘いラベンダー
ホワイト。

(B) ネイルホリック PU163 396円
／コーセーコスメニエンス クリ
アなパープルにオーロラグリッタ
ーがキラキラ。

(C) uka ペディキュアスタディ 11/
pedi 2,420円／uka Tokyo hea
d office グレイッシュでも沈ま
ない白がかったアースブルー。

ネイルと リングは「重ねづけ」が今どきです

アクセサリーのコーディネート術

大人のセルフネイルは、手元アクセサリーと組み合わせることで
華やかさがぐっとアップします。両手に複数づけ、デザインミックスで、
より今どきに。自分らしいコーディネートを楽しんで。

Line
ライン

さまざまな"線"でつないだ
コーデでデイリー服を格上げ

ベージュにモノクロの細いラインのネイル
(p.70)には、細いゴールドリングを連ねて、
シンプルな中にさりげない個性をプラス。レ
イヤードが楽しめるプレーンなデザインのリ
ングならすべての指につけても過剰にならず、
おしゃれ感アップ。人さし指のシンプルなレ
イヤードリング13,200円、中指のダイヤモン
ドつきレイヤードリング16,500円、ピン
キーリング14,300円／以上エテ 薬指のフォ
グ(霧)モチーフリング15,950円／ブリュ
イ(ブリュイ トウキョウ) ボーダーカット
ソー／スタイリスト私物

Color
Block
カラーブロック

印象力のあるネイルは
変化球なリングと好相性

存在感のあるカラーブロックネイル(p.60)
は、ユニークなリングカフやアーティスティ
ックなデザイニングリングで大人モードに仕上げ
たい。洋服とネイルの配色をそろえて、しっ
くりと一体感のある着こなしを意識して。
〈左手〉人さし指のパールとダイヤモンドつき
リングカフ 37,400円／エテ 薬指のドロッ
プストーンつきリング 85,800円、〈右手〉ダ
イヤモンド型のゴールドリング 41,800円／
ともにトーカティブ ナイロントレンチコー
ト 85,500円、カットソー 11,000円／ともに
チノ(モールド)

Dot

ドット

ドット柄を引き立てる
スモーキーな天然石

シックなカーキのベースカラーにピンクレッドのドット柄（p.68）が引き立つネイル。まん丸な天然石リングでドット柄との統一感を持たせつつ、カーキと反対色の朱赤ワンピースでネイルの存在感をきわ立たせて。〈右手〉天然石のゴールドリング、〈左手〉茶系天然石のリングカフ／ともにスタイリスト私物　バイカラーのニットドレス 46,200円／ルームエイト ブラック（オットデザイン）

Marble&
Nuance

マーブル＆ニュアンス

手元にオーラを醸し出す
光と茶のグラデーション

素材感のあるナチュラル服をネイル＆ボリュームリングで、コーヒーカラーのマーブルネイル（p.64）をゴージャスに格上げ。薬指のセンターダイヤモンドつきスクエアリング 71,500円／プライマル　人さし指のアステリズムとサジタリズムのリング 89,100円／トーカティブ　チェーンブレスレット 25,300円／リューク（ストローラーPR）　小指のゴールドリング／スタイリスト私物　マント 参考商品、パイルワンピース 37,400円／ともにプレインピープル（プレインピープル青山）

Foil & Sticker

箔 & シール

無骨な金属モチーフで
大人の余裕を感じさせて

かすれ感のあるゴールドとシルバーの箔ネイル（p.76）が、岩のようにいびつなシルバーリングにマッチ。大人ならでは抜け感ある手元に。人さし指のアリード（渇き）イメージのボリュームリング 34,650円、薬指のウェーブ（波）モチーフリング 28,050円、バングル 33,000円／以上ブリュイ（ブリュイ トウキョウ） 薬指のシルバーラインリング、白のキルティングシャツ／ともにスタイリスト私物

Sponge

スポンジ

光によって表情が変わる
ネイルと天然石の調和

ピンクゴールドのベースにイエローをスポンジでスタンプしたネイル（p.73）には、ホログラムのように色合いが変化する天然石のリングをコーディネート。奥行きのある色みと光沢が見事なハーモニーを奏でます。中指のストーンリング 209,000円、薬指のグレイシャー（氷河）モチーフリング 24,750円／ともにブリュイ（ブリュイトウキョウ） 親指のゴールドリング、パープルのシアーシャツ／ともにスタイリスト私物

French

フレンチ

たたずまいまで女性らしい
繊細なカラーとデザイン

好感度の高いピンクベージュのフレンチネイ
ル（p.58）には、きゃしゃなゴールドのリングで
知性と気品をプラス。バルーンモチーフのリ
ングで大人の遊びゴコロをちらりとのぞかせ
て。人さし指のダイヤモンドつきリング35,
200円／プライマル　中指のバルーンモチー
フのリング44,000円／トーカティブ　ドレー
プデザインのジャケット104,500円／チノ
（モールド）

Coloring

カラーリング

ノーアートなネイルには
さまざまなリングで華やぎを

〈右手〉中指のリーニュ（線）モチーフリング
28,050円／プリュイ（ブリュイ トウキョウ）
親指のシルバーリング／スタイリスト私物
〈左手〉人さし指のイエローゴールドリング
各96,800円／トーカティブ　フォグ（霧）モ
チーフリング15,950円／プリュイ（ブリュイ
トウキョウ）　中指のビアクォーツのデュー
リング44,000円／エテ　小指のドロップス
（雫）モチーフリング24,420円／プリュイ（ブ
リュイ トウキョウ）　ニットワンピース33,0
00円、パンツ25,300円／ともにブレイン
レス（ブレインピープル青山）

二枚爪や扁平爪、欠けや割れもケアしだいで改善！

大人の爪の悩みに答えます

手洗いや消毒のたび、爪も水分が奪われてカサカサに。爪は健康の
バロメーターでもあり、正しくケアしてトラブルを防ぎましょう。

まずは爪の育ち方を知っておこう

爪は皮膚の一部で、角質がかたく変化したもの。私たちが"爪"と呼んでいるかたい部分は「ネイルプレート」で、甘皮の下の爪の根元の「爪母」で生まれ、爪と皮膚がくっついている部分「ネイルベッド」の上を滑って押し出されます。ネイルプレートの先端、ネイルベッドから離れた白い部分のことは「フリーエッジ」、その両わきはひびが入りやすい「ストレスポイント」と呼ばれています。

爪のつけ根やまわりは、甘皮（キューティクル）やルースキューティクルといった薄い皮膚の一部で保護されています。甘皮を無理に切ると爪母を傷めるので要注意。

実は、爪は1枚のように見えますが、3層のミルフィーユ構造。手洗いで水分や油分が失われると、上の層がはがれて二枚爪に。乾燥した状態で爪切りで圧をかける、除光液を頻繁に使って爪を乾燥させるのも二枚爪の一因に。

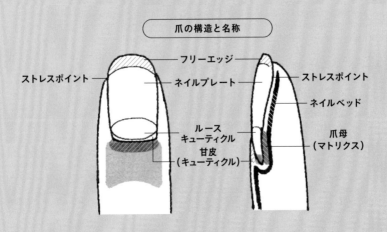

爪の構造と名称

ストレスポイント　フリーエッジ　ストレスポイント
ネイルプレート　ネイルベッド
ルースキューティクル　爪母（マトリクス）
甘皮（キューティクル）

Q

爪に筋が出ているのですが、原因は?

A

縦筋か横筋かで原因が違う! 縦筋は特に要注意。

(縦筋)

老化と栄養の偏り

縦筋は加齢によるシワのようなもので、爪に十分に栄養が行き届かないことが原因。シワが深くなると爪が縦割れすることも。鉄分やビタミンCなど爪にいい栄養素を心がけてとりましょう。乾燥を防ぐケアも必須です。

(横筋)

爪母の損傷とストレス

横筋は爪を物にぶつけたり、甘皮を切りすぎたりなどで起こる爪母の損傷が原因。ストレスや体調不良も一因。リラックスを心がけ、爪にいいビタミンやミネラル、植物性油脂を含んだネイルオイルで爪母をマッサージ。

Q

しょっちゅう欠けたり割れたり。防ぐ方法は?

A

ストレスポイントに注意。爪の形も見直して。

爪先に力がかかると負荷はストレスポイントに集中します。爪のひび割れや欠けを防ぐには、このストレスポイントを意識し、爪の形はスクエアかスクエアオフにしましょう。爪の先端が直線なので、面で衝撃を受け止めてくれます。

また、爪の乾燥はひび割れを招くのでこまめに保湿を。爪は硬化しているので浸透性の高い爪用のオイルやセラム、クリームがおすすめです。セラムは爪表面に軽く爪磨きをかけて、ルースキューティクルや皮脂膜をとってから塗ると、より浸透しやすくなります。爪の裏や甘皮、フチにも塗るとさらにしっとり、強い爪に。

Q

指が太くて似合う爪の形がわかりません

A

醸し出したい雰囲気で選んで〇K。
長さで印象も変わります。

手指や爪の形は生まれつきのもの、とあきらめている人が多いでしょうが、爪のお手入れしだいで手元の印象は変えられます。ゴツゴツとした関節の太い指が気になるならば、すっきり上品なラウンド形がおすすめ。長すぎても短すぎても手が大きく見えるので指より少し長めがいいでしょう。ぽっちゃりとした指の場合は、少し長めなスクエアオフにすると、ぐっとシャープな雰囲気に。

このように爪の形で手指のコンプレックスをカバーでき、爪は伸びるので、さまざまな形や長さを試すことができます。醸し出したい雰囲気で爪の形を選び、さまざまなアレンジを楽しんでみましょう。

Q

扁平な爪（シジミ爪）がコンプレックスです…

A

ジェルやネイルのギプス効果でアーチを！

平たく扁平形の爪は弱くてもろいため、お手入れで立体的なカーブをつくりましょう。ネイルを塗ると根元の湾曲を固定したギプスをしているような状態に。爪が矯正されながら伸びるので、先端まできれいなカーブになっていきます。強い効果を求めるならば、ジェルネイルをおすすめします。

爪

アーチあり　　　扁平

Q

爪は呼吸しないの？ ネイルを塗っても影響ない？

爪は死んだ組織なので、そもそも呼吸はしていません。ネイルは、爪にダメージを与えると思われがちですが、正しく塗れば、むしろいいことがたくさん。爪が弱い人は、ネイルを塗ることで爪に強度を持たせ、衝撃から保護できます。乾燥からも守ることができ、美しい爪を育てることにもつながります。

A

爪は死んだ細胞。正しく塗れば爪の補強にも。

Q

爪の白い部分を減らしたい！ 方法はない？

まずは、深爪をやめること。深爪すると、爪と皮膚のつなぎ目の剝離が進み、爪先の白い部分がどんどん増えていきます。爪を守りながら伸ばしていけば、自然に爪と皮膚がくっつきます。そして、こまめに爪裏の皮膚との間にセラムやオイルをつけてマッサージし、爪の健全な発育を促しましょう。

A

切り方しだいで減らしていけます。

Q

ネイルってすぐに塗りかえてもいいの？

除光液は爪の乾燥の原因になるため、ネイルを落としたあとは、ネイルセラムやオイルで十分保湿し、爪を半日休ませて浸透させることをおすすめします。ネイルは4日〜1週間はもたせるようにしましょう。はげてきたらp.51のように爪先だけリペアしたり、フレンチにアレンジするなどの工夫を。

A

栄養補給し、一拍休ませるのがベター。

Q

ネイルがすぐにはがれます。塗り方が悪い?

A

はがれ方によって
原因と対策が変わってきます。

根元や爪のサイドから

しっかり油分を除去

塗る前の油分除去をきちんと行っていないのでは? 爪の両側や甘皮と爪の間の溝は、油分がたまりやすい場所です。p.47のように、綿棒を使い、消毒用のアルコールや除光液でていねいに油分を除去しましょう。

先端から

手の所作を見直して

手の使い方が雑になっていませんか? ネイルカラーのもちを左右するのは八割がた手の使い方です。物をつかんだり、さわったりするときは爪先ではなく指の腹で。p.12のように落ち着きのある、優雅な所作を意識して。

ペロンと全体がはげる

厚塗りに注意

ベースコートを塗ることや油分除去を怠っているか、ポリッシュが厚塗りになっていませんか? ポリッシュは厚く塗っても長もちするとは限りません。p.48のように、薄く均一に塗ったほうがもちもよく、きれいです。

Q

ネイルを落とすと爪が黄ばんでいるのはなぜ?

A

色素沈着によるもの。きちんと下処理を。

ネイルカラーの色素沈着が原因。爪の表面についたルースキューティクルや皮脂膜を除去せず、直接爪にネイルカラーを塗ると色素沈着を起こします。p.36のようにきちんと下処理をし、ベースコートを必ず塗りましょう。

Q

ネイルをすると爪は傷むの？

A

ダメージの原因は除光液かも。成分にこだわって。

ネイルカラーを塗っても爪を傷めることはありません。爪にダメージを与える可能性があるのは、落とすときに使う除光液です。多くの除光液に含まれているアセトンは爪や指先を乾燥させがち。

除光液は、さまざまな処方で作られており、基本は爪にやさしいノンアセトンがおすすめ。

ラメなど落としにくい色をオフするときはアセトン入りでさっと落として。落とすときは、p.52のようにコットンパックをしてください。ゴシゴシするとより爪を傷めます。さらに、落としたあとはセラムやオイルを塗ってきちんと浸透させ、十分に保湿しましょう。

Q

ネイルカラー、ジェル、スカルプチュア、違いは？

A

ご自分の性格や生活に合わせてセレクトを。

	ポリッシュ（ネイルカラー）	ジェル	スカルプチュア
成分と仕組み	成分は着色した合成樹脂。これを有機溶剤でといたもの。揮発することで乾き、固まる。もちは1週間〜10日程度。	合成樹脂と光重合開始剤（フォトイニシエーター）。光重合開始剤の光を吸収すると硬化する性質を利用し、ライトを照射して硬化。	メタクリル酸メチルが主成分のアクリルリキッドとアクリルパウダー。2つをまぜて化学反応を起こし、硬化させて人工爪を形づくる。
メリット＆デメリット	爪の乾燥を防ぎ、補強効果も。塗りかえが簡単。一方、乾くのに時間を要する。頻繁な塗りかえによる除光液の多用は乾燥の原因に。	爪を強く補強。はがれにくく、3週間〜1カ月程度もつ。一方、オフする作業に時間がかかり、乱暴に行うと爪を傷める可能性も。	強度があり、成形が自由。一方、自爪にダメージを与えることがあり、時間を要する（10本で約2時間）。
こんな人におすすめ	ネイルを気軽に楽しみたい人	扁平爪、薄い爪の人、カラーやアートを長くもたせたい人	長さを出したい人、強度をもたせたい人

Q

似合うネイルの色を見つけるには?

A

手のネイルは肌色に合わせて。
足は沈んで見えないビビッドで印象力のある色を。

爪は手指の一部ですから、肌になじみ、手元がきれいに見える色を選べば確実です。そのため、ナチュラルなカラーを選ぶ際は、ファンデーションのように肌のトーンに合っていることが基準になります。色みがはっきりしたカラーは、"キャラクターやファッション、季節感などとの兼ね合いも考えましょう。人は、ネイルを全体のバランスで見ています。メイクや服装、体格や顔立ちなどに合っていないと、ちぐはぐな印象を与えるので、姿見で全身を見たり、自撮りで確認してみましょう。

ukaには、大人に似合う色みを追究した赤、ベージュ、ピンクやペディキュアのシリーズがあります(p.116〜)。ぜひ試してみてください。

point!

フットネイルは
発色が命!

フットネイルは、肌になじむ色ではなく濃い色のほうがおすすめ。つま先は血色が悪く、肌がくすんでいるので、濃い色のほうが元気に見えます。手の爪より冒険しやすいので、派手な色で遊んで。

PART 3

すべすべ透明足に見違える

大人のフットケア

手の指と爪を美しくしたら、足のトリートメントも習慣に。
簡単で効果抜群なフットケアをお教えします。
素足やサンダルコーデに自信の出る、つるつるですべすべなかかととフットネイルの似合う爪をめざしましょう。

むくみやくすみに心地よくアプローチ

入浴後のフットマッサージ

血流が滞り、むくみや冷えに悩まされがちな足元。毎日の入浴後、
温まった状態の足元をマッサージし、巡りをよくしましょう。

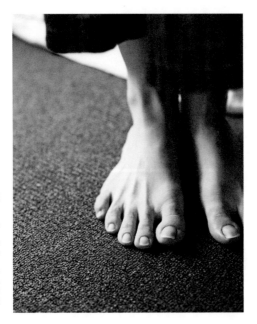

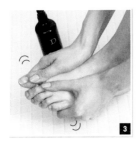

オイルをなじませながら 全体をほぐす

オイルを広げた両手のひらでつま先を包み込み、足全体にオイルをなじませる。軽く圧迫しながら、足を温め、ほぐす。

ボディオイルをつける

ボディオイルを手のひらにとり、両手のひらを合わせて温める。化粧水とセットで使い、乾燥しがちな足元に水分と油分を補給する。

化粧水をつける

お風呂あがりの足にボディ用化粧水をつけ、手でなじませる。適度に湿りけが残っているため、化粧水が浸透しやすい。

指の股を開く

足の指のつけ根を両手で開き、指の股に親指を当てて足首に向かってぐっと押し上げるように指圧する。すべての指の股に各1回。

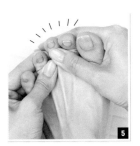

血液を指先にためる

指先に血をためるイメージで、両手で足の指をぎゅっとつかみ、赤くなったらパッと離す。すべての指に1〜3回ずつ行う。

指を横からつまむ

足の指を手の親指と人さし指ではさみ、指全体をもむ。足の爪の両側に圧をかけてツボを刺激する。すべての指に1〜3回ずつ。

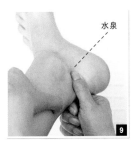

水泉

足首まわりのツボを押す

足首まわりのツボを心地よく刺激。内くるぶしとかかととの中間あたりにある水泉のツボは、むくみの改善に効果的。

足首のリンパを流す

くるぶしを内側と外側から両手でつかんでマッサージ。下から上へと流すようにして滞りがちなリンパの巡りをよくする。

甲の筋に沿ってほぐす

足の指のつけ根から足首に向かって、足の甲側の筋の間を親指の腹でさする。すべての指の筋に沿わせるようにして1回ずつ行う。

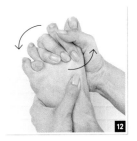

ぎゅっとひねる

指を組んだままくるくる回してから、ぞうきんのようにギュッとひねって、組んだ手の指を抜く。1回ずつ。

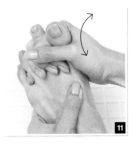

足と手の指を組む

つま先を両手で持ち、足の指と反対側の手の指をしっかりと組む。ほどよく圧をかけて前後にそらせてストレッチ。1〜3回。

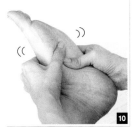

土踏まずをほぐす

土踏まずを両手の親指でほどよく力を入れて押し、もみほぐす。足の裏にあるツボ（p.94参照）を痛気持ちいい圧で刺激する。

体の部位に対応するツボをチェック

手同様に足にもツボが集中しています。下のマップを参照し、不調のある部位に対応するツボをやさしくほぐすようにマッサージ。ツボと体の各部位はつながっているため初めは痛く感じるかもしれませんが"痛気持ちいい"くらいの圧でもんでみてください。

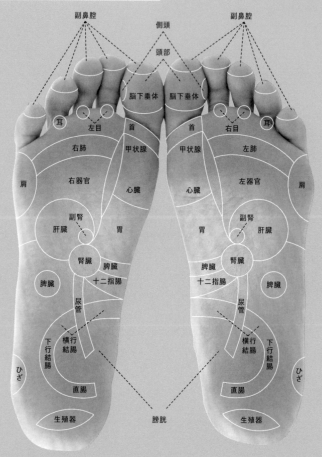

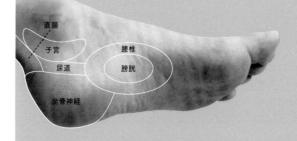

足ツボマップ

FOOT ACUPOINT
MAP

かさつき・ひび割れをツルスベに

毎日のかかとケア

乾燥した状態で行うかかとのケアです。削ったあとにオイルで
磨き上げるのがポイント。毎日のルーティンにしてください。

粗いやすりで
角質を削る

かかとやすりの粗い目
のほうでかかとを削る。
角質をとりすぎないよ
う削りぐあいを見なが
ら強さを調整。1カ所
に集中しないように。

1

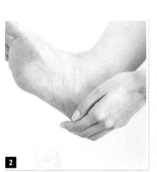

ボディバームを
つける

ボディ用のバームやク
リームなどを手のひら
にとってかかと全体に
なじませる。角質ケア
後だけでなく、こまめに
つけるように心がけて。

2

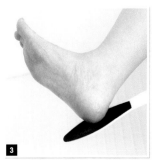

こまかい
やすりで磨く

やすりのこまかい面で
磨いて表面をなめらか
にする。油分をなじま
せてから再度こまかい
やすりをかけることで、
ツヤが出てなめらかに。

3

BEFORE

ガサガサ
ひび割れ

角質が乾燥でかたくな
り、厚くなった足裏の
皮膚。白く粉をふき、
ひび割れたり、一部茶
色っぽく変色したり。

AFTER

つるつる

角質が肥厚し変色して
いた箇所がなくなり、
つるんとひび割れのな
いかかとに。皮膚も
しっとりとうるおい、
やわらか。

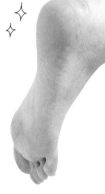

| ITEM |

かかとやすり　　フットバーム

〈左〉粗めと仕上げ用の2面タイプ。ESTIFUL カカト削り
（サンドペーパータイプ）473円／貝印　〈右〉フット用
におすすめのバーム。uka ボディ＆フットバーム ハッピ
ーワーク 30ml 4,950円／uka Tokyo head office

さわりたくなるもちもちのかかとに

月に1度のスペシャルフットケア

がさがさになったかかとは、薬剤で余分な角質をふやかして削りとる特別ケアを。
最後にバームで磨き上げれば、見せたくなるほどもちもちに。

AFTER

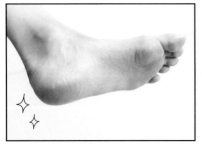

バームをつけて仕上げ磨きをすることでかかと全体がや
わらかくなってもちもち、表面はしっとりつるつるに。

BEFORE

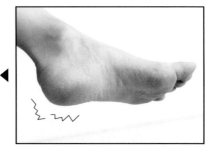

角質が乾燥しかたくなって蓄積、ひび割れて粉をふいて
いるかかと。ささくれだってストッキングがビリビリに。

| ITEM |

フットバーム

抗菌作用のあるボディ＆フットバーム。
ミントやユーカリの香りでマッサージ＆
保湿。uka ボディ＆フットバーム ハッピ
ーワーク 30ml 4,950円／uka Tokyo
head office

ヒールリムーバー

かかとの不要な角質をやわらかくするリ
ムーバーと、エッセンスを浸透させるた
めのパッド＆シールのキット。フットス
ムーサー（右）とセットで使用する。KO
BAKO ヒールリムーバー 4,180円／貝印

かかとやすり

［仕上げ用］　　［粗目］

〈右〉目の粗いかかと削り。かかとの角
質がかたいときに使用。KOBAKO ヒー
ルファイル 2,090円、〈左〉角質がやわ
らかくなったかかとに使用。表裏で目が
違う2面構造。粗目面で角質を削って左
のキットのフットエッセンスを使い、細
目面でかかとを磨く。同フットスムー
サー 2,090円／ともに貝印

薬剤を貼り角質をやわらかくする

2

角質リムーバーをパッドに含ませ、かかとを包み込むように貼りつけてシールを重ね、5〜10分おく。

粗いやすりでかかとを削る

1

ヒールファイルでかかとの角質を粗く削る。次に使うヒールリムーバーが浸透しやすくなる。

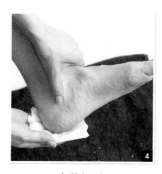

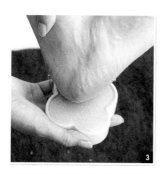

角質をふく

4

不要な角質だけやわらかくなって削り落とせるので、ポロポロと落ちた古い角質をウエットティッシュでふきとる。

こまかいやすりでかかとを削る

3

パッドとシールをはがしてリムーバーをふきとり、フットスムーサーの粗い面を円を描くように動かして削る。

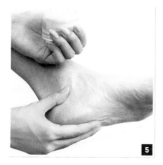

こまかいやすりで磨く

6

フットスムーサーの目のこまかい面を使い、バームをすり込むように磨き上げる。ただバームを塗っただけより、つるつるに！

バームをなじませる

5

フットバームをかかと全体になじませる。角質が厚くたまるのも乾燥が原因なので、毎日ケアにも保湿をとり入れて。

足トラブルを防ぐ!

大人の足の爪切り

足の爪はかたくて厚いので、お風呂あがりのふやけてやわらかくなった状態で切りましょう。
足の爪の形は衝撃に強く、巻き爪予防にもなるスクエアオフがおすすめです。

足の爪の適切な長さと形

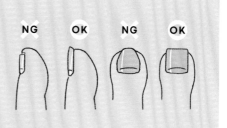

NG　OK　NG　OK

深爪は巻き爪の一因に。伸ばしすぎも靴に当たって爪母に衝撃を与えるので厳禁。横から見て、指より爪が少し出ている長さが目安。爪のサイドを切ると、くい込みの原因になるので、角だけやすりで整えたスクエアや、スクエアオフに。

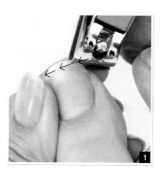

端から水平に切る

ラウンド形に切ろうとせずに、水平に。アーチ形の刃ではまっすぐ切れないので、足の爪用の直線刃の爪切りで、角から少しずつまっすぐにカット。

 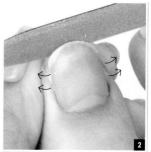

皮膚を広げてやすりをかける

角は切らずに、やすりで整える。大きいと隣の指に当たって扱いにくいので、薄く小さなやすりがおすすめ。足の指の皮膚を広げ、削りすぎず、角のエッジを整える。

| ITEM |

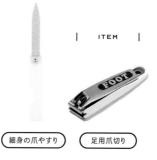

細身の爪やすり　　　足用爪切り

〈右〉まっすぐ切りやすい直線刃。専門医と共同開発し、巻き爪にも対応。巻き爪用直線刃ツメキリ 825円／貝印〈左〉携帯できるスリムでコンパクトな爪やすり。爪のこまかな部分のお手入れにも便利。ステンレス折りたたみ爪やすり 350円／無印良品 銀座

素足やサンダルコーデに自信！

美人度が上がるフットネイルケア

足の爪はお手入れをおろそかにしがちで、表面の凸凹が目立つことも。
手同様にしっかり下処理してフットネイルの映える美爪にしましょう。

ジャンパースカート 46,200円、カーディガン 41,800円／ともにブレインピープル（ブレインピープル青山）

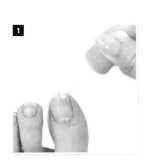

キューティクル
リムーバーを塗る

甘皮と爪全体にキューティクルリムーバーを塗布し、よくなじませる。ルースキューティクルだけでなく、爪の表面の皮脂膜もとり除く。

| ITEM |

すべてp.38〜39で使用しているものと同じ。デュカートマニキュアスティック6本入418円／シャンティ　KOBAKOキューティクルリムーバー10ml 2,200円、同ブロックバッファー1,980円／ともに貝印　uka ネイルオイル13:00 5ml 3,300円／uka Tokyo head office　爪表面と爪裏を消毒するアルコールは、ハンド用消毒スプレーなどでOK。

ルースキューティクルを
とり、くすみをオフ

コットンスティック（p.36参照）を使って甘皮を押し下げ、円を描きながら、なでるようにルースキューティクルをからめとって除去する。

爪裏を消毒する

手の消毒に使うアルコールをコットンスティックか先の細い綿棒につけて、爪裏を消毒する。

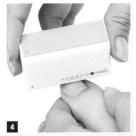

表面をこする

手で足指をしっかり支え、爪磨きの最も粗い面で爪の表面をこする。次に使うオイルの浸透率を上げる。

磨いてツヤを出す

爪磨きに圧をかけて爪に密着させ、4で使った次に粗い面→こまかい面の順番に磨き、ツヤを出す。

オイルを浸透させ保湿する

爪全体にネイルオイルを塗り、爪母（p.84）のまわりをマッサージしながら、指でべたつきがなくなるまでしっかり浸透させる。

塗りにくい足の爪も美しく
フットネイルの塗り方のコツ

フットネイルを塗る際は、両手が使えるのでフル活用しましょう。
片方の手で足指の爪のサイドを広げながら塗るのがポイントです。

油分をとり下準備

綿棒を除光液で湿らせ、円を描くように爪表面の余分な油分や汚れをふきとる。油分が残ると、ネイルカラーがはがれる原因に。

はけを広げる

足爪にもベースコートを

ベースコートを爪のサイドから塗っていく。爪先までスーッと動かして一気に塗る。

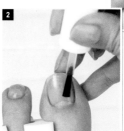

はけをしごいて量を調節

厚塗りにならないよう、ネイルカラーのはけの片面を瓶の口でしっかりとしごく。はけを平らに広がった扇状にしておく。

2度塗りする

はけを持っていないほうの手で指で足指をはさんで両サイドを広げると、きわまで塗れる。1度目は広げた端で輪郭をとり、2度目はムラにならないよう色をのせることを意識して塗る。

まずサイドから塗る

足の爪はサイドから塗り始め、中央、逆サイドの順に塗る。広げたはけの先端を、爪の中央の根元から0.5ミリほどあけた位置に合わせて塗る。足指パッドをはめて指を広げると塗りやすくなる。

皮膚を広げる

 ITEM

足指パッド 250円／無印良品銀座　ukaベースコート ステイ、トップコート シャイン 各2,200円、ペディキュア スタディ 12/pedi 2,420円／以上uka Tokyo head office　デュカート マニキュアスティック 6本入 418円／シャンティ

7

トップコートで
長もちさせる

トップコートも瓶の口
でしごいてはけを平ら
にし、サイド→中央→
逆サイドの順に塗る。
最後に先端をカバー。

6

はみ出しを
こすりとる

はみ出して皮膚につい
たネイルカラーは、乾
く前に爪の側面にコッ
トンスティック (p.36)
を差し込み、さっとこ
すりとる。

大人のためのフットケアアイテム

自分の足に専用のアイテムをそろえてあげられるのは、大人ならでは。
毎日ケアで美しい足爪やかかとに。ひそかな自信が手に入るはず。

[爪切り]

均等にカットできるダイヤルつき

ダイヤルでカットする長さを1or2ミリから選べる直線刃。KOBAKO ダイヤルネイルクリッパー 3,080円／貝印

[爪切り]

足爪にちょうどいい直線刃

ストレートな刃先で、足の爪を理想的なスクエアカットにできる。巻き爪用直線刃ツメキリ 825円／貝印

[巻き爪用やすり]

巻き爪の角や端をきれいに処理

カーブとストレートの細いやすりが1本に。爪切りでは届かない巻き爪もケアできる。巻き爪用ヤスリ 1,210円／貝印

[細身爪やすり]

足爪のこまかな調整に最適

細身で先端まで使えるので、爪のこまかな部分のお手入れに便利。ステンレス折りたたみ爪やすり 350円／無印良品 銀座

[フットスクラブ]

天然素材でつるすべかかとに

アーモンド粒子でかたくなった角質をとり除く。メントールですっきり。フットスクラブ 150ml 3,080円／SABON Japan

[かかとやすり]

優雅な気分でかかとケアを

綿のストラップ、木製ベースのファイルがおしゃれ。エクスフォリエイティング フットファイル 1,980円／クラランス

[フットバーム]

脚、肩、首の疲れをほぐす

こわばったふくらはぎや肩にも。uka ボディ＆フットバーム　ハッピーワーク 30ml 4,950円／uka Tokyo head office

[フットオイル]

足と脚のマッサージに

4種の精油でリフレッシュしながら血行促進。フット＆レッグ トリートメント オイル AC R 80ml 5,500円／THREE

[フットクリーム]

お疲れ足をクールダウン

乾燥したかかとを保湿しつつ、ペパーミントなどが疲れやむくみを抑える。フット リリーフ 125ml 3,740円／アヴェダ

[足指セパレーター]

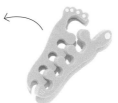

足の形がキュート♡

足をかたどったユニークなデザインでリラックス。トゥ！セパレーター 330円／uka Tokyo head office

[足指セパレーター]

ソフトな感触で足指を刺激

縮こまった足指を心地よく広げる。ペディキュアを塗るときも便利。足指パッド フリーサイズ　250円／無印良品 銀座

足先だからこそ遊びたい

大人のためのフットネイルアート

素足になったら、ちょっと大胆。色使いや柄で遊べるフットネイルは大人の
ひそかな楽しみ。誰かに見せるかも、見せないかも。もう一人の自分を遊びたい。

Ⓐ　　　　Ⓑ

Aを左足、Bを右足のすべての指に。左右の足で別の色を使
う、簡単なのにセンスよく見えるアイディア。ダークめの色
でトーンをそろえたさりげなさがポイント。

Nail Colors

Ⓐ uka ウカ ペディキュアスタディ
12/pedi 2,420円 ／ uka Tokyo
head office　洗練されたブルー
グリーン。

Ⓑ uka ペディキュアスタディ 9/
pedi 2,420円／uka Tokyo head
office　落ち着いた女らしさのエ
ボニーブラウン。

FOOT NAIL :

Coloring

色合わせ

→ p.78

no./
01

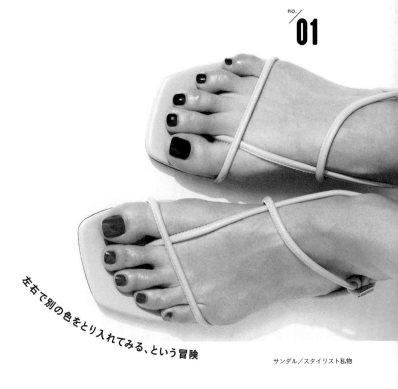

左右で別の色をとり入れてみる、という冒険

サンダル／スタイリスト私物

FOOT NAIL :

French

フレンチ

→ p.58

no./
02

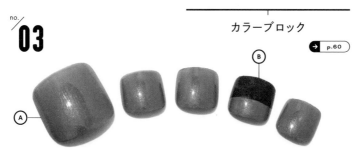

レモンイエローで夏を爪先にまとう

Aをすべての指に塗り、Bのはけをよく広げ、先端でスタンプを押すように細フレンチをつくる。イエローベージュとレモンイエローの組み合わせがさわやかな夏フレンチ。

Nail Colors

(A) uka ベージュスタディ ツー 2/2 2,420円／uka Tokyo head office ほどよいくすみ感で手を美しく見せる王道ベージュ。

(B) ネイルカラー 19　1,760円／ポール ＆ ジョー ボーテ ホワイトがかった大人ニュアンスのレモンイエロー。

FOOT NAIL :

Color Block

カラーブロック

→ p.60

no./
03

アースカラーに女っぽさをひそませて

Aをすべての指に。乾いたら薬指の根元側1/2ほどにマスキングテープを貼り、爪先側にBを塗りカラーブロックに。シックなベースに、1本強い色をさすのも簡単でおしゃれ。

Nail Colors

(A) ザネイルポリッシュ 039C 1,980円／アディクション ビューティー シルバーパール入りのオパールグリーン。

(B) green ナチュラル ネイル カラー インディアンサマー 2,970円／manucurist（マニキュリスト）ブラウンレッド。

Line

no.
04

ライン

→ p.70

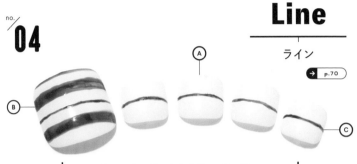

ほっこりマリンな2色使いボーダー

Aをすべての指に。Bで親指に細ラインを1本、太ラインを2本引く。
Cをすべての指に一直線になるようのせる。細ラインははけを広げ、
先端をスタンプのように使って。ラフさもまた味に。

Nail Colors

Ⓐ green ナチュラル ネイルカラー ミルキーホワイト 2,970円／manucurist（マニキュリスト）ほんのりピンクの白。

Ⓑ ネイル カラー ポリッシュ 09 2,750円／SUQQU クリアな発色で手元に透明感を与えるダークネイビー。

Ⓒ ネイル カラー ポリッシュ 10 2,750円／SUQQU 肌を白く見せるスタイリッシュでダークなブルーグリーン。

Dot

no.
05

ドット

→ p.68

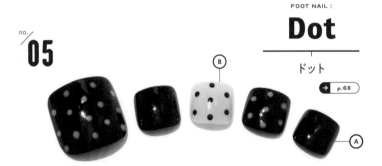

あえてのくすみ色の大人のドット

Aを中指以外に塗り、親指と薬指につまようじにつけたBでドットを描く。中指はBを塗り、Aでドットを。くすみ色とグレーでコントラストを抑えるのが大人っぽくするコツ。

Nail Colors

Ⓐ ネイルカラー 406 1,980円／アナスイ コスメティックス 肌なじみがよく上品なダークチェリーレッド。

Ⓑ ザ ネイル ポリッシュ 019S 1,980円／アディクション ビューティー やわらかさの中に芯のあるペールグレー。

FOOT NAIL :

Nuance

ニュアンス

→ p.64

no./
06

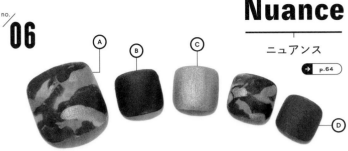

迷彩をパール×マットで新鮮に

Aを親指、薬指に塗り、B、C、Dをラフに重ね迷彩柄に。端まで
塗るとらしくなる。Bを人さし指に、Cを中指に、Dを小指に。す
べての指にEを重ねマットに仕上げる。

Nail Colors

(A) ルナソル ネイルポリッシュ 07
2,200円／カネボウ化粧品　ニュ
アンスのあるほんのり赤みのくす
みグレージュ。

(B) ザ ネイルポリッシュ 047S 1,980
円／アディクション ビューティ
ー　深みのある表情を見せるモス
グリーン。

(C) ネイルカラー 701 1,980円／アナ
スイ コスメティックス　ブロン
ズやピンクパールが輝く赤みシャ
ンパンベージュ。

(D) green ナチュラル ネイルカラー
ダークトルマリン 2,970円／
manucurist（マニキュリスト）
ブラウンみパープル。

(E) マットトップコート 1,650円／
RMK Division　いつものネイル
をマットに仕上げる。1本持って
いると便利。

FOOT NAIL :

Marble

マーブル

→ p.64

no./
07

(B)
(A)
(C)

ざっくりがかわいい縦マーブル

Aを親指、人さし指、中指、小指のサイドから塗り、逆サイドから
Bを塗る。乾かないうちに境目をCでぼかす。薬指はAを中央に、
両サイドからBを塗って同様にぼかす。

Nail Colors

(A) green ナチュラル ネイルカラー
ビクトリアプラム 2,970円／
manucurist（マニキュリスト）
スモーキーなプラム。

(B) ネイルポリッシュ 17(P) 1,650円
／RMK Division　繊細なパール
が透明感のある光を放つ、ガーリ
ーなシマーピンク。

(C) ネイルポリッシュ 18(P) 1,650円
／RMK Division　華やかなのに
浮かない、ほんのり青みの大人ピ
ンク。

巻き爪やたこ、うおのめ、あきらめていた足のトラブルに！

大人の足の悩みに答えます

手と違ってお手入れを怠りがちな足。爪の変形や変色は爪母がダメージを受けているから。
ケアの習慣をつけ、足の健康を保ちましょう。

Q

足の爪の形が悪くてネイルが映えません

A

足の爪は切り方と日ごろのケアしだい！

足の爪は伸ばしすぎても切りすぎてもいけません。長いと先端が靴に当たって歩くたびに爪母が衝撃でダメージを受け、伸びてくる爪はどんどん凸凹で不格好になっていきます。深爪をすると爪が伸びるときに皮膚の内側にくい込むため、成長を妨げるだけでなく、巻き爪のような状態に。

爪の角を切ってしまうのもNGで、わきにくい込んで炎症や巻き爪の原因に。p.99のように角はやすりで整える程度にしてください。

足の小指の爪が小さく厚く変形するのも爪母がダメージを受けている証拠。靴による圧迫もありますが、主な原因はやはり深爪。切りすぎて爪が皮膚にくい込むと、爪を守ろうとしてまわりの皮が盛り上がり、爪に覆いかぶさってきます。すると、より爪が圧迫され爪の成長が妨げられてしまいます。

Q

うおのめやたこ、すぐにまたできるのはなぜ?

A

靴が足に合っているかチェック。歩き方でも変わります。

うおのめやたこは、足裏の同じ部分に負荷がかかり続けていることが原因。まずは、靴が足に合っているか見直し、歩き方の改善を。

また、パンプスの翌日はスニーカーというように、同じ靴を履かないようにして足裏の負荷を分散させることも大事です。

たこの場合は、かたくなった角質をやすりで削り、目のこまかいやすりで表面のザラザラを磨いてクリームをすり込むとやわらかくなっていきます。就寝時にシルクのソックスをはいて保湿するなども角質の硬化防止に有効です。

Q

爪が白く濁るのは白癬菌(爪水虫)?

どうケアすればいい?

A

雑菌がたまりやすい爪裏をこまめに消毒して。

靴の中は温かくて蒸れやすいため、靴や足の清潔を保たないと菌が繁殖してしまいます。爪を伸ばしすぎていた場合などは、ネイルベッドの剥離した部分に「白癬菌」が入り込んで爪水虫になってしまうことも。異変を感じたら、皮膚科に相談を。

日ごろのケアでは、足の指を1本ずつていねいに洗い、p.101のように爪の裏をこまめに消毒することを心がけましょう。その際は、しっかりと消毒効果があるアルコール65%以上のものを使うこと。肌への刺激が少ない、とうもろこし由来などの植物性のエタノールを選ぶとよりいいでしょう。

NAIL COLOR
CATALOG

ukaのネイルカタログ

CATALOG :

BASE COAT

ukaのベースコートは、1本でも爪がきれいに見える、ほんのり色づきとラメ入りで、爪用美容液配合。カラーを楽しみたいけど、爪の健康も気になる大人がデイリー使いできるよう、設計しました。

uka color
base coat zero

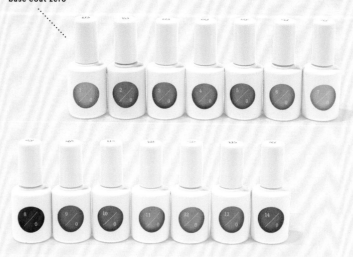

1度塗りで素爪のように、重ねてネイルカラー風に

ほんのり色つきのシリーズ。ネイルカラーの下地として活躍するのはもちろん、肌の青み、赤み、黄みを生かす絶妙なトーンで、1本でも素爪が美しくなったような仕上がりが楽しめます。ベースだけを重ねてもネイルカラーのような発色が楽しめ、何種類かを重ね合わせることで、より自分の肌に合う色みがカスタマイズできます。爪用美容液配合で爪を健やかに保ち、酸素透過性のある成分を使用しているのでストレスフリー。各2,200円／uka Tokyo head office

☑ **BASE COAT**　☐ POLISH

| 2/0 | Left : 1度塗り |
| | Right : 4度塗り |

| 1/0 | Left : 1度塗り |
| | Right : 4度塗り |

| 5/0 | Left : 1度塗り |
| | Right : 4度塗り |

| 4/0 | Left : 1度塗り |
| | Right : 4度塗り |

| 3/0 | Left : 1度塗り |
| | Right : 4度塗り |

| 8/0 | Left : 1度塗り |
| | Right : 4度塗り |

| 7/0 | Left : 1度塗り |
| | Right : 4度塗り |

| 6/0 | Left : 1度塗り |
| | Right : 4度塗り |

| 11/0 | Left : 1度塗り |
| | Right : 4度塗り |

| 10/0 | Left : 1度塗り |
| | Right : 4度塗り |

| 9/0 | Left : 1度塗り |
| | Right : 4度塗り |

| 14/0 | Left : 1度塗り |
| | Right : 4度塗り |

| 13/0 | Left : 1度塗り |
| | Right : 4度塗り |

| 12/0 | Left : 1度塗り |
| | Right : 4度塗り |

カラーベースコート ゼロは
組み合わせて重ねるとこんなに多彩に

カラーベースコート ゼロは、複数の色のレイヤード使いもできるよう
になっています。自分だけのお気に入りのカラーレシピを見つけて。

USE：
14/0
↓
7/0
2度塗り

USE：
8/0
3度塗り
↓
1/0

USE：
3/0
↓
4/0
2度塗り
↓
6/0

USE：
13/0
↓
1/0

USE：
14/0
↓
12/0

USE：
13/0
↓
11/0

USE：
13/0
↓
4/0

USE：
14/0
↓
10/2
2度塗り

USE：
12/0
↓
13/0

USE：
12/0
↓
9/0

☑ **BASE COAT** ☐ POLISH

uka
lamé base coat zero

ラメ入りでさりげなく華やかな手元に

ラメは、ネイルにきらめきを、爪にかたさを与える大人ネイルの強い味方。重ねてキラキラを楽しむのはも
とより、ハードナーとして下地に使えばネイルカラーのもちもアップ。シルバーやゴールド、ブラウンのパー
ルと、さまざまな表情のラインアップで指先からホリデー気分を楽しんで。爪用美容液も配合しています。
各2,420円／uka Tokyo head office

H⁴/0	Left：1度塗り
	Right：4度塗り

H³/0	Left：1度塗り
	Right：4度塗り

H²/0	Left：1度塗り
	Right：4度塗り

H⁶/0	Left：1度塗り
	Right：4度塗り

H⁵/0	Left：1度塗り
	Right：4度塗り

CATALOG :

POLISH

レッド、ベージュ、ピンク、そしてペディキュア用と、絶妙なニュアンスで自分に似合う1本が見つかるカラー展開。爪にやさしくムラになりにくい処方で、1度塗りでも美しく発色。

uka
red study one

浮かずに映える厳選レッド

気分を上げてくれたり、強くなれたり、元気になったり、「赤」は女性にとって特別な色。赤い爪は手指の七難を隠してくれます。1本は持っていたい「赤」のポリッシュはイエローベース＆ブルーベースと、肌の色みに合わせた8色をラインアップ。素敵な力をもたらす最高の1本が見つかります。各2,420円／uka Tokyo head office

深い愛と強さをもたらすような深みのあるレッド。イエベ肌に。

| 4/1 | 2度塗り |

希望を抱いて前進させてくれるような青みトーン。ブルベ肌に。

| 3/1 | 2度塗り |

思い切り声を上げて笑いたくなるフレッシュな赤。イエベ肌に。

| 2/1 | 2度塗り |

勇気をもたらしてくれるような王道レッド。すべての肌に。

| 1/1 | 2度塗り |

光の気配に胸が高鳴る青みパールレッド。すべての肌に。

| 8/1 | 2度塗り |

深く響く多幸感をかみしめるような熟成ボルドー。すべての肌に。

| 7/1 | 2度塗り |

誘惑し挑発するような深いボルドー。すべての肌に。

| 6/1 | 2度塗り |

喜びをもたらし、人生を謳歌させてくれるボルドー。ブルベ肌に。

| 5/1 | 2度塗り |

□ BASE COAT   ☑ POLISH

uka
beige study two

手を美しく魅せる洗練ベージュ

爪は爪として美しくあるより、手元の一部として美しくあってほしい、という考えから生まれた、素晴らしく肌なじみのいいベージュ。どのカラーも目立ちすぎず、上品な透明感やツヤをもたらし、手指をきれいに見せてくれます。イエベ＆ブルベ、肌の色みに合わせた8色から、運命のベージュを見つけましょう。各2,420円／uka Tokyo head office

やわらかな笑顔に頼りたくなるピンクトーン。イエベ肌に。

4/2	2度塗り

自信と謙虚さのバランスをくれるパープル系。ブルベ肌に。

3/2	2度塗り

背筋を伸ばしたくなる王道カラー。イエベ肌に。

2/2	2度塗り

ぶれない安心感をもたらすグレイッシュな色。ブルベ肌に。

1/2	2度塗り

柔軟な姿勢で進む方向を示すパールモーヴ。すべての肌に。

8/2	2度塗り

慎ましくありつつ自信を与えるモーヴピンク。すべての肌に。

7/2	2度塗り

芯の強さが信頼感をもたらしてくれる深みグレー。ブルベ肌に。

6/2	2度塗り

変わらない包容力に甘えたくなるイエロートーン。イエベ肌に。

5/2	2度塗り

uka
pink study three

大人のために計算されたピンク

ピンクが好きだけど、ピンクを塗れない──という大人たちに向け、ひとさじのクールなくすみを忍ばせた大人のピンクを提案。可憐でスモーキーな3色（1/3〜3/3）、甘さ控えめで華やかな3色（4/3〜6/3）の6色展開です。やさしくポジティブなパワーで満たされるピンクという魔法にかかりましょう。各2,420円／uka Tokyo head office（限定発売）

願いが叶いそうでウキウキするようなベージュピンク。イエベ肌に。

3/3	2度塗り

やさしい記憶を思い出すアースピンク。すべての肌色に。

2/3	2度塗り

小さな高揚感にときめくライトピンク。すべての肌色に。

1/3	2度塗り

純粋な好奇心にワクワクするようなルビーピンク。ブルベ肌に。

6/3	2度塗り

新しい自分にはしゃぎたくなるビビッド色。ブルベ肌に。

5/3	2度塗り

あどけなさにドキドキするコーラルピンク。イエベ肌に。

4/3	2度塗り

uka
pedicure study

美脚を演出するペディキュア用カラー

いつだって楽しめるペディキュアという大人の遊び。まとうことで色のパワーも味方につけられます。2021年発売のカラーは大人が似合うくすみポップカラー。砂の色をミックスし、大地を踏みしめる足にふさわしいアースカラーに。太陽と相性抜群なラメも配合され、上品な輝きで爪の凹凸をカバーします。各2,420円／uka Tokyo head office（限定発売）

自分らしさという自信を与える、エボニーブラウン。

9/pedi　2度塗り

しなやかな力を宿す、ターメリックブラウン。

8/pedi　2度塗り

太陽に向かいまっすぐ咲く、マリーゴールドイエロー。

7/pedi　2度塗り

凛とした強さを感じる、ブルーグリーン。

12/pedi　2度塗り

ルールに縛られない軽やかに澄んだ、アースブルー。

11/pedi　2度塗り

繊細な色合いがやさしさを紡ぐ、ラベンダーホワイト。

10/pedi　2度塗り

美しい動きが美しい手をつくる

手の「所作」を美しく変える

Beautiful hand behavior

手が美しく見えるか
どうかは使い方しだい

　手指は、朝起きてから夜寝るまでの間ずっと働き続けています。

　そして、手指を動かすたびにダメージを受けるのが爪。乱暴に動かすと、衝撃によって爪が折れたり、割れたり、せっかくきれいに塗ったネイルもすぐにはげてしまいます。爪のアクシデントを防ぐには、余計な刺激を与えないこと。つまり、日ごろの所作が重要なのです。

　たとえば物をつかむとき、指先はなるべく使わず、指の腹を使うようにすれば、爪先を守れます。ほんの少し気を配るだけで、手や爪は美しくキープできるのです。

　また、手のていねいな所作は、それだけで優美な印象を与えてくれます。美しくケアした手で、美しい所作をとることを、うっとりと楽しんでみてください。

ハンドモデルの美習慣

ハンドモデルさんのハッとするほど美しい手指はどのようなケアで
つくられているのでしょう?　この本のモデルでもある
ハンドモデル・皆川眞緒さんに「美習慣」を伺いました。

☑ **Beauty Habits : 02**

美容液とクリームは
常に携帯する

手指、爪の保湿のため、美容液やクリーム類
は常に携帯。家の中では、せっけんの隣にハ
ンドミルクをおき、手洗いの流れの最後にハ
ンドミルクをつけるのをルーティンに。

☑ **Beauty Habits : 01**

物をつかむときは
ハンドタオルをはさむ

無意識に手指に傷などを作らないよう、作業
はできるだけ両手で行い、爪に余計な力がか
からないように指先まで意識して指の腹を使
います。力作業は、タオルなどをはさんで緩
衝材に。

☑ **Beauty Habits : 03**

ゴム手袋・ドライヤー手袋・UVカット・就寝時用…
手袋を使い分ける

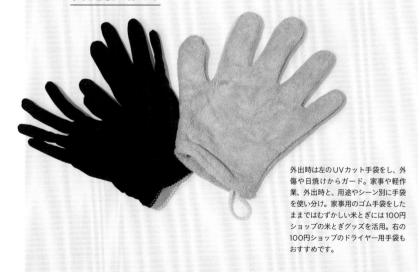

外出時は左のUVカット手袋をし、外
傷や日焼けからガード。家事や軽作
業、外出時と、用途やシーン別に手袋
を使い分け。家事用のゴム手袋をした
ままではむずかしい米とぎには100円
ショップの米とぎグッズを活用。右の
100円ショップのドライヤー用手袋も
おすすめです。

美しい手と指のための

インナーケアのすすめ

Recommendation for Inner Care

"末端"の美しさは健やかな体に宿る

美しく丈夫な爪をつくるためには、爪のもとになる栄養素をとることが大事。爪は爪の根元の爪母（p.84）でつくられます。健やかな爪を育てるには、血液が体の末端まで巡り、爪母に栄養が十分に届いていなければなりません。

しかし、女性の場合、毎月の生理で貧血ぎみな人が多く、さらに年齢とともに血液の循環力が弱まります。爪母に栄養が届かないと爪はもろくなっていきますので、日ごろからインナーケアを。

特に摂取してほしいのが、たんぱく質。動物性たんぱく質は爪に弾力を与え、植物性たんぱく質は強度を高めます。栄養成分を結びつけるためには、シリカなどのケイ素も必要。不足しがちな栄養素はサプリで補うのも手です。

☑ Inner Care : 01

植物性たんぱく質＋
動物性たんぱく質を
バランスよくとる

みずみずしく弾力のある爪を育てるには、たんぱく質が欠かせません。動物性たんぱく質は弾力を強化し、植物性たんぱく質は強度を高めます。両方のたんぱく質をバランスよくとることで、しなやかで強い爪に導きましょう。

〈右から〉ukaのカフェ「ukafe」では、健やかな体を育むメニューを提供。10種類以上の野菜と酵素農法の玄米を使用。ukafe弁当 ミート1,430円、豆と野菜がたっぷり入った食べるスープ。具沢山豆スープ 550円

☑ **Inner Care : 02**

ハーブティーで
きれいをチャージ

日中の疲れがたまる夕方には、爪
や髪を美しく整えてくれるビタミン
が豊富なハイビスカスなどをブレ
ンドしたハーブティーでひと休み。

ノンカフェインのロー
ズ＆フルーツなどでリ
ラックス。ukafe ハー
バルティー ビューテ
ィ10包 1,512円／uka
Tokyo head office

☑ **Inner Care : 03**

ミネラル成分
「シリカ」を摂る

シリカは、肌にハリ、髪にコシ、
爪に強さを与える大事な成分。体
内でつくり出せないので、吸収さ
れやすい天然水で摂るのが効率的。

シリカをはじめ、希少
ミネラルを豊富に含む
天然水。霧島天然水
のむシリカ 500ml×
24本 3,600円（定期購
入の場合・送料別）／の
むシリカ カスタマーセ
ンター

☑ **Inner Care : 04**

ビタミンCを効率よく摂取

爪や肌のアンチエイジングに効くビタミンC
は多くが排出されてしまうのが難点。吸収率
を高めたサプリで効率的に補給しています。

ビタミンCをリポソーム
カプセルに内包させ吸
収率をアップ。リポカ
プセルビタミンC 30包
7,776円／スピック

おわりに

私は、27歳でネイリストとなり、30年近くもの長い間、たくさんの素敵なかたがたにお会いして、手にふれるお時間をいただいてきました。

そして、手がもたらす印象の力をつねづね痛感し、これまでにもさまざまな形でお伝えしてきました。

ネイルカラーを塗っていても、ささくれだらけだったら。また、メイクやヘアスタイルは完璧なのに、手や爪がカサカサだったら、残念な印象を与えてしまうことでしょう。

「はじめに」で、お話しした「きれいな手の6カ条」を意識し、お手入れを始めれば、手の印象はご自分でも驚くほど変わってくるはずです。

実際にお手入れを始めてくださったかた、いかがでしょう。

指先をきれいにするだけで、気持ちが明るくなったのではありませんか?。

そして、お手入れをする以前は、

乾燥した指先の角質や凸凹した爪を無意識にさわって、

その手ざわりの悪さがストレスになっていたことに、気づかれたのではないでしょうか。

見て美しく、ふれてなめらかな指先は、自分でも気持ちのいいものです。

手を大切にすること、そしてその手が美しく見違えたことで、

その手にふさわしいしぐさ、ふるまいをすることへ、意識が向いてくることでしょう。

甘皮やルースキューティクルの処理をイチから自分でするよりも、

1度サロンでベースケアだけやってもらうのも手です。

爪は1回のケアで見違えますし、その後のお手入れが格段にしやすくなります。

手にコンプレックスがあっても、不器用でも、忙しくても、面倒くさがりでも大丈夫。

自分の求める範囲で、心地いい仕上がりを見つけてください。

そして、この本を心地いい暮らしに役立てていただけたら、この上ない幸せです。

渡邉季穂

uka Tokyo head office ·········· 03-5843-0429

A

B

C

D

E

F

G

H

I

J

uka 東京ミッドタウン 六本木

隣の席との距離が十分にとられ（間隔1.5m）、個室（2部屋）も完備。トータルビューティーでヘア、ネイル、ヘッドスパ、アイラッシュ、フェイシャルエステを行い、効率的に複数を同時に受けることも可能。隣接する「ukafe（ウカフェ）」では、ヴィーガンメニューや有機野菜をたっぷり使用したランチが楽しめ、施術中に席まで運んでもらうことも。広々としたテラスがあり、貸し切りにも対応。

東京都港区赤坂9-7-4
東京ミッドタウン ガレリア 2F
ビューティー＆ヘルスケアフロア
☎03-5413-7236

SALON & STORE

uka 広尾店

東京都港区南麻布4-1-29
広尾ガーデン 2F
☎03-3449-0421

uka GINZA SIX

東京都中央区銀座6-10-1
GINZA SIX B1F
☎03-6263-9981

ukacojp/store

東京都渋谷区神宮前4-21-10
URA表参道1F
☎03-5413-4445

uka store Kyoto ShinPuhKan

京都府京都市中京区烏丸通
姉小路下ル場之町586-2
☎075-585-5727

uka store NEWoMan YOKOHAMA

神奈川県横浜市西区南幸1-1-1
ニュウマン横浜店 3F
☎045-534-5070

uka store Shibuya RAYARD MIYASHITA PARK

東京都渋谷区神宮前6-20-10
RAYARD MIYASHITA PARK
South 2F 20700
☎03-6712-5744

uka store Sapporo Stellar Place

北海道札幌市中央区北五条西2丁目
札幌ステラプレイス JRタワーセンター3F
☎011-209-5484

uka store Nagoya Takashimaya GATE TOWER MALL

愛知県名古屋市中村区名駅1-1-3
タカシマヤゲートタワーモール6F
☎052-566-6607

ART DIRECTION
松浦周作（mashroom design）

DESIGN
堀川あゆみ、高橋紗季、青山奈津美、
田口ひかり、藤野礼美（mashroom design）

PHOTOGRAPHS
熊木優（人物）、当瀬真衣（人物プロセス）、石澤義人（静物）

STYLING
熊沢早苗

HAND MODEL
皆川眞緒

FOOT MODEL
高柳佑里（uka）

ILLUSTRATION
もと潤子

COOPERATION
中島理恵、小林麻衣（uka）

COMPOSITION & TEXT
坂口みずき

EDIT
野崎さゆり（主婦の友社）

ukaが教える　大人のハンド＆ネイルケア

2021年8月31日　第1刷発行
2021年11月10日　第3刷発行

著　者　　渡邉季穂
発行者　　平野健一
発行所　　株式会社主婦の友社
　　　　　〒141-0021 東京都品川区上大崎3-1-1
　　　　　目黒セントラルスクエア
　　　　　電話 03-5280-7537（編集）
　　　　　　　　03-5280-7551（販売）
印刷所　　大日本印刷株式会社

©Kiho Watanabe 2021　Printed in Japan
ISBN 978-4-07-448893-3

R〈日本複製権センター委託出版物〉
本書を無断で複写複製（電子化を含む）することは、著作権法上の例外を除き、禁じられています。
本書をコピーされる場合は、事前に公益社団法人日本複製権センター（JRRC）の許諾を受けてください。
また本書を代行業者等の第三者に依頼してスキャンやデジタル化することは、
たとえ個人や家庭内での利用であっても一切認められておりません。
JRRC〈https://jrrc.or.jp eメール：jrrc_info@jrrc.or.jp 電話：03-6809-1281〉

■本書の内容に関するお問い合わせ、また、印刷・製本など製造上の不良がございましたら、
主婦の友社（電話03-5280-7537）にご連絡ください。
■主婦の友社が発行する書籍・ムックのご注文は、
お近くの書店か主婦の友社コールセンター（電話0120-916-892）まで。
※お問い合わせ受付時間 月〜金（祝日を除く）9：30〜17：30
主婦の友社ホームページ　https://shufunotomo.co.jp/